OSIEL
VIDA Y TRAGEDIA DE UN CAPO

RICARDO RAVELO

Osiel
Vida y tragedia de un capo

Grijalbo

Osiel
Vida y tragedia de un capo

Primera edición: septiembre, 2009

D. R. © 2009, Ricardo Ravelo

D. R. © 2009, derechos de edición mundiales en lengua castellana:
Random House Mondadori, S. A. de C. V.
Av. Homero núm. 544, col. Chapultepec Morales,
Delegación Miguel Hidalgo, 11570, México, D. F.

Todos los personajes que aparecen en el cuadernillo de fotos al final de este libro, con excepción de la última imagen, están identificados por la PGR como miembros de la delincuencia organizada.

www.rhmx.com.mx

Comentarios sobre la edición y el contenido de este libro a:
literaria@rhmx.com.mx

ISBN 978-607-429-485-9

Impreso en México / *Printed in Mexico*

A la memoria de mis padres,
Cleotilde y Ricardo

Índice

Introducción

El propósito de este libro es trazar una línea fulgurante que, en saltos sucesivos, nos permita atisbar el laberinto en el que se encuentra inmerso un personaje como Osiel Cárdenas Guillén, cabeza visible del antiguo cártel del Golfo hasta el año 2003.

En este ejercicio de captar los pormenores y sendas oscuras que recorrió desde su temprana adolescencia, Osiel se nos revela de cuerpo entero. Vemos cómo se transforma, impulsado por el ansia imperiosa de ser alguien en la vida, en una miseria humana. Engaña y es engañado; traiciona y es traicionado; mata por odio y por placer. La noria de su desgracia no se detiene, y aún hoy gira con una fuerza arrolladora. Pese a estar recluido en una prisión de alta seguridad en Estados Unidos, donde pasará el resto de sus días, él, traidor por naturaleza, todavía piensa en un mañana que no le pertenece. Y lo sabe.

Osiel. Vida y tragedia de un capo nace como una necesidad de conocer la vida —con sus claroscuros, sus veleidades, su intenso lado trágico— de este narcotraficante que decidió, sin titubeos, tejer su propia existencia calamitosa. En estos convulsos tiempos, en los que la cruzada del gobierno federal contra el narcotráfico emprendida el sexenio pasado se ha mostrado infructuosa, su figura cobra relevancia. La prensa mexicana sólo ha recogido hechos aislados, haciendo crónicas del acontecer inmediato, ocupándose de lo perecedero de la información. El vértigo de los acontecimientos impide captar con nitidez la dimensión del problema y del personaje.

En pocas ocasiones ha sido posible centrar la atención en una figura del narco para desmenuzarla y conocer la urdimbre que lo mueve y activa los resortes emocionales de las más truculentas pasiones.

En el caso de Osiel, infancia y adolescencia tornaron trágico su sino. Desde aquellos lejanos días ya se prefiguraba un ser destinado a ser un intrépido capo. El entorno en el que se desarrolló, hostil y de pobreza, lo envolvió y endureció su rostro, sus gestos, su conciencia. Pronto, de manera prematura, perdió la inocencia en su estado natal: Tamaulipas. Fueron décadas viciadas. Ahí creció acumulando agravios y rencores que lo convirtieron en el más sanguinario de los delincuentes.

Imposible buscar una verdad absoluta sobre su existencia. En esta obra se trazan los pasajes más significativos de la vida de este capo que escaló en la pirámide del crimen organizado hasta el pináculo. Vertiginoso fue su ascenso, como estrepitosa y fulgurante fue su caída, cuando su asistente personal cobró venganza y lo condujo a la cárcel. Acto de justicia quizá: con la vara que midió fue medido. Y ese revés terminó por postrarlo. Juego perverso de la vida que él mismo despertó con su osadía.

Emil Ludwig, autor de célebres biografías como *Napoleón* y *Goethe*, aseguraba que para penetrar en el alma de un personaje es necesario definir primero si el impulso que arroja al escritor es el odio o la admiración. Ése es el dilema. Una vez resuelto, se da el primer paso: redactar la primera cuartilla, o al menos el párrafo inicial.

Ese conflicto, como lo llama Ludwig, dejó de perturbarme cuando descubrí que lo que me impulsó a escribir esta biografía fue la pasión —trozos de odio y admiración— que despertó en mí el personaje al tener en mis manos por primera vez testimonios y documentos que no podía agotar en un reportaje. Pensé incluso que este género periodístico era insuficiente para dar cabida al ramillete de historias que más de una fuente puso ante mis ojos.

Comencé entonces a almacenar información como quien guarda provisiones para encarar los tiempos difíciles; analicé los documentos, las grabaciones, las historias criminales y corroboré su veracidad dentro y fuera de México. Viajé a Perú y Argentina para consultar otras fuentes y cotejar los datos con quienes conocieron al personaje; recibí su apoyo a cambio de que omitiera sus nombres, para evitar represalias.

Más de dos años dediqué a la recopilación de historias sobre Osiel Cárdenas Guillén para dar forma a esta biografía, la primera que se escribe sobre un capo, el más violento de la última década, y del que tuve noticias a partir de 1996. En aquella época comencé a cubrir la fuente policiaca como reportero para la revista *Proceso*. Los conocimientos abrevados desde entonces han sido mis más eficaces herramientas para tejer esta vida trágica y dar forma a este libro que rompe, en buena medida, con la estructura de los que escribí anteriormente: *Los capos*, *Los narcoabogados*, *Herencia maldita* y *Crónicas de sangre*.

No dudo que una historia extraordinaria fascine por lo novedoso de su trama, pero el tema del narcotráfico, sobre el que ha escurrido tanta tinta, ha entrado en una etapa de agotamiento, precisamente porque el molde con el que se le aborda se convirtió en cliché. Pienso que la biografía —género por excelencia de la historia— nos acerca más a la vida de los personajes y a su universo, en este caso el oscuro mundo de los capos.

México, D.F., julio de 2009

1

Infancia: los golpes iniciales

Infancia es destino, suelen decir los biógrafos de los personajes cuyas vidas están cargadas de intensidad y claroscuros. Por eso buscan con la paciencia de un orfebre, para descubrir sus rasgos primigenios, retrotraerlos al presente y delinearlos con la mayor nitidez posible. Así trazan imágenes para mostrarlos de cuerpo entero, con sus veleidades, sus grandezas, sus arrebatos, sus debilidades. Saben que en esos detalles están los orígenes, que los contrastes los definen. A veces se les revelan en una mirada, otras en un silencio prolongado.

Cuando la historia del personaje es trágica, su existencia ha estado ineludiblemente cargada de múltiples tensiones. La vida pone a prueba a los más fuertes, a quienes lleva a oponerse con violencia a lo establecido, haciendo que su ser se vea inmerso en contrasentidos, y que misteriosas alegorías entretejan su devenir.

Uno de esos casos es el de Osiel Cárdenas Guillén, hombre atrabiliario, difícil de encasillar, cuyos impulsos lo llevaron a desafiar todo en un vano intento por labrarse un nombre, un estatus, y convertirse en una figura emblemática. Las cinco letras que conforman su nombre prevalecen tan sumergidas en el imaginario colectivo que el solo hecho de pronunciarlo basta para dibujar con trazos violentos a quien fuera la cabeza del cártel del Golfo durante el segundo tramo de la década de los noventa. Pero si lo despojamos de su entorno turbulento y de su agitada historia, Osiel no es más que un sujeto ordinario cuyo interior, amordazado por las pasiones y los constantes golpes bajos recibidos en su atribulada historia, nunca acaba de emerger a la superficie.

En él sólo refulge esa armadura de capo que no deja ni una sola rendija por la que podamos entrever su alma, y mucho menos atisbar las razones de ese yo atormentado por innumerables tempestades. Sólo él sabe cómo hizo de la traición su más útil instrumento para alcanzar el poder que durante años lo atenazó y lo mantuvo en la cima de su empresa criminal, una obra cimentada en lo demoniaco, a la que trepó con astucia derramando sangre por doquier; sin jamás dudar en matar ni en traicionar a quien se interpusiera en su camino, así fueran sus fieles comparsas.

Polifacético como jefe del cártel del Golfo, su etapa de mayor esplendor, Osiel supo imponer respeto entre amigos y enemigos, pero pronto mostró su baja estofa. Apenas lo acicatea alguna agitación interior, sus circuitos emocionales se desarticulan y entonces se derrite, apareciendo un vacío incurable: el abandono y la desprotección familiar que este farandulero arrastra desde su infancia como una pena que lo lacera.

Su personalidad cambia con frecuencia. Así es Osiel. Explota repentinamente y ordena un asesinato o 10; lo hace sin remordimientos ni culpas. Su carácter, forjado con puntales endebles, puede dar un giro drástico, como un velero sorprendido por un golpe de viento, y postrarlo durante horas. Puede llorar incluso por el abandono de una mujer con la que se malquistó, o volver a los brazos de una amante que lo maltrató, o comportarse como un niño que todo lo acepta.

Osiel no puede controlar ese torbellino emocional que lo acomete con furia sin ser consciente de ello. Así va construyendo su propia pesadilla. Tiende los puentes que le llevarán al encuentro de su tragedia empujado con virulencia por un ansia enfermiza, casi imperiosa, de tenerlo todo. Esa fuerza perversa lo lleva a quitar del camino cualquier obstáculo. El comportamiento de Osiel nos recuerda la locura encarnada por Ricardo III, quien logró entronizarse como rey de Inglaterra asesinando a su propio hermano Clarence. Algo similar hizo Osiel para ascender a la cúspide de su imperio: cuando sentía atracción por la mujer de alguno de sus amigos no dudaba en traicionarlo o ejecutarlo para quedarse con ella y satisfacer sus deseos sexuales incontrolables.

Innumerables son los casos en que Osiel se deshizo de quienes él consideraba estorbos en su desenfrenada carrera por acumular poder, por ser alguien y ganar respeto. De vendedor de grapas de cocaína, ascendió vertiginosamente a la cúpula del cártel del Golfo tras asesinar a su amigo y compadre Salvador Gómez Herrera, *El Chava*. Fraguado el homicidio, Osiel espera noticias de sus gatilleros en una de sus residencias de Tomatlán, Jalisco. Está sentado en un cómodo sofá cuando recibe por fax la foto donde se observa el cuerpo carcomido de *El Chava*. Sonríe irónicamente y suelta la frase: "¡Ay, compadrito, ahora sí ya te llevó tu chingada madre!"

Otro caso es el de Rolando Gómez Garza, con quien Osiel solía divertirse y a quien estimaba por su jocosidad, que le hacía reír a mandíbula batiente. Pero la amistad se acabó porque Osiel se encandiló con Hilda Flores González, *La Güera*, esposa de su amigo. Enterado el marido de esa traición, Osiel decidió que ya no tenía caso verse a escondidas con su amante y ordenó matar a su rival. Acostumbrado a ver las imágenes de las ejecuciones de sus enemigos, esta vez pide a uno de sus mozos que le envíen la fotografía del sitio donde cayó Rolando. La orden se cumple. Cuando la tiene en sus manos, Osiel le dice a Francisco Alberto Vázquez Guzmán, *Paquito,* su inseparable centinela: "Ahora sí, *Paquito, La Güera* es sólo mía".

Paradojas del destino. Cuando ya es cabeza del cártel del Golfo, a la vida de Osiel llega una compañía que se volverá inseparable: el miedo. El capo ya no puede dormir. De día y de noche oleadas de temor lo aguijonean, lo llevan al borde de la demencia. Pasa largas horas inhalando cocaína, encerrado y atado a la noria del sexo con la mujer que ha elegido en ese momento. Se rodea de varias amantes para tenerlas siempre; cada noche cambia de compañía. También cambia de casas con frecuencia y cuando la droga lo perturba sale de su aposento cada media hora y, con el rostro macilento, se dirige a su famélico cuidador, *Paquito,* para preguntarle si todo está bien.

"No hay novedades", responde solícito el vigía, cuya ardua labor no le permite cerrar los ojos ni dormir como él quisiera mientras su patrón permanezca despierto. Y así transcurre el tiempo, denso y cargado de tensiones. Al escuchar el quinto parte informativo de la noche, Osiel vuelve a su lecho, donde las caricias femeninas le esperan. Los gemidos trascienden las paredes de su cuarto, sin que su confidente y custodio se queje. A veces las escenas se repiten durante varias noches y obligan a su lugarteniente a soportar estoico las fatigas, siempre alerta aunque su rostro palidezca y refleje las secuelas de las prolongadas vigilias que lo convierten en un espantajo.

Para Osiel las noches son plenas, no sólo le permiten desfogarse, también le sirven de camuflaje a su insomnio, y eso dificulta su captura. Sólo cuando rompe el nuevo día y sale el sol refulgente, lo doblega la pesadez del sueño y se acuesta a reposar. Duerme inmerso en pesadillas que, como oleadas, le provocan sobresaltos. Es el miedo que lo asalta. Nunca se desnuda, permanece con el pantalón puesto para salir huyendo si es necesario, para saltar bardas y trepar a los techos. Así lo hizo durante años, pues dormir en pleno día fue para él una protección. Pero ese mecanismo, ese sigilo, también se agotó. A la postre fue ése el flanco débil, la puerta por la que entró, sin avisar, su desgracia.

Al igual que otros capos, Osiel fue incapaz de redireccionar la trayectoria de su destino por voluntad propia. Como a sus pares, que tuvieron sus días de gloria y esplendor y se ufanaban de ser diestros en sortear la adversidad, que se mostraban libres de perturbaciones, instalados en el goce más pleno de la impunidad —su paraíso e infierno—, que amasaron fortunas e incluso llegaron a sentirse inmortales, a Osiel también lo envolvió la egolatría. Llegó a pensar que podía vencer las perversas jugarretas y los caprichos de la vida. Pero no pudo.

El destino es implacable con quienes se empecinan en entorpecer los hilos de la justicia. A pesar de su supuesta brillantez, tanto esos capos como Osiel, de manera notable, se han mostrado impotentes en las horas decisivas. Cuando la vida les llevó a enfrentar su propia realidad, sin fugas ni dramatizaciones, acabaron desgarrados. Algunos murieron; otros están en la antesala de la muerte y claman con fuerza por traspasar la línea para dejar de sufrir.

Miguel Ángel Félix Gallardo, el ex jefe del cártel del Pacífico que un día fuera el capo más avezado de su tiempo, impune durante décadas, multimillonario, dueño de fincas y haciendas, y con una intensa vida social, es hoy, a sus 62 años, un hombre sordo y casi ciego. Muere poco a poco dentro de su celda en el penal de El Altiplano, en el Estado de México. Vencido ya el orgullo que lo caracterizó, lleva años rogando a las autoridades que le otorguen un permiso para someterse a una cirugía ocular que le permita al menos conservar la mermada visibilidad de su ojo izquierdo.

De aquel esbelto *narcoempresario* que vestía elegantes atuendos y que solía pasearse a menudo en motocicletas lujosas por las calles de Culiacán, Sinaloa, queda muy poco. Sus cuitas y la humedad de la prisión lo han destruido. Hoy Félix Gallardo habita un cuerpo enfermo, atormentado por sus males físicos y mentales. Vive con la esperanza debilitada y sus lagunas mentales son casi abismos. La atrofiada circulación bloquea el flujo sanguíneo a su cerebro provocándole olvidos prolongados; la migraña lo ataca sin anunciarse, con martilleantes dolores que ya no calman las altas dosis de paracetamol que ingiere.

Aislado desde hace dos décadas y confinado en una celda, Félix Gallardo está alejado del mundo. Su mente gira entre recuerdos gratos y tortuosos; al dejar de percibir la voz humana desde hace tanto tiempo, su espíritu se reseca día tras día. Si algún abogado o familiar se acerca y le habla, Félix Gallardo pide que le griten colocándose una de sus manos detrás de la oreja. Sólo así puede escuchar los mensajes, sólo de esa manera registra los sonidos como débiles y lejanos ecos. Agudos males le dañaron irremediablemente un oído; el otro lo va perdiendo paulatinamente a pesar del aparato recomendado por un otorrinolaringólogo que tardó años en ingresar a la prisión para atenderlo.

Pedro Avilés, mentor de varias generaciones de capos en el arte del crimen, escaló alto en la resbaladiza escalinata del delito. Él fue el iniciador de Félix Gallardo y de Rafael Caro Quintero, figuras del cártel del Pacífico. Su vida criminal fue agitada, pero el destino la cortó de tajo. Pedro tenía menos de 35 años cuando fue ejecutado en un tiroteo con la policía federal. Actualmente es sólo un vago recuerdo que la historia registró en uno de sus trágicos renglones.

El preso más viejo de El Altiplano, Ernesto Fonseca Carrillo, *Don Neto*, está condenado a morir entre las frías paredes de la prisión de alta seguridad en el Estado de México. Sabe que morirá pronto sin recuperar la libertad; y aplicando su cualidad de visionario en los negocios a su vida, mandó construir una tumba antes que la muerte lo sorprenda. Es un fastuoso mausoleo en Santiago de los Caballeros, Sinaloa, su tierra natal, a la cual, dice, regresará cuando fallezca. *Don Neto* muere a cada minuto. La artritis lo consume hora tras hora hasta inmovilizarlo de piernas y brazos. Nada lo alivia; la luz del sol, que sólo puede ver por escasos minutos, entibia su esqueleto apenas recubierto por una arrugada piel. Fonseca Carrillo aguarda con desesperación el último suspiro. Mientras la hora final se acerca, lentamente, *Don Neto* danza en la espesa tiniebla de su atribulada existencia y clama por la muerte. Sólo su amigo Félix Gallardo lo alivia, fugazmente, con sus manos. Le aplica digitopuntura que por momentos mitiga las tensiones y los dolores.

Otra es la historia de Rafael Aguilar Guajardo, quien llegó a ser poderoso entre los mafiosos alcanzando la cima más alta del narcotráfico. Surge de los sótanos de la Dirección Federal de Seguridad (DFS), la policía política del régimen priísta. Su cargo: jefe del cártel de Juárez. Su final: murió asesinado a balazos en abril de 1993 en Cancún, Quintana Roo, cuando abordaba un lujoso yate que lo llevaría de paseo por las aguas del Caribe mexicano. Dos versiones explican el desenlace. Una dice que fue asesinado por el cártel del Golfo; otra, que fue traicionado por su socio, Amado Carrillo. El crimen sigue envuelto en las sombras del misterio.

Quizá el capo más aventajado de su tiempo fue precisamente Amado Carrillo Fuentes, *El Señor de los Cielos*. Llegó a ser el poderoso jefe del cártel de Juárez; ganó todas las batallas a sus rivales, pero le fue imposible ganarle la partida a la muerte. Perdió la vida a principios de julio de 1997 en un quirófano tras someterse a una cirugía plástica y a una liposucción. Sólo dos días separaban una intervención de la otra. El capo tenía prisa por cambiar su fisonomía y adelgazar su vientre, cuyas paredes envolvían peligrosamente una gruesa capa de grasa. De ambas cirugías —a cargo de las diestras manos de dos galenos que más tarde fueron asesinados, metidos en tambos y arrojados en la transitada carretera México-Cuernavaca— salió con vida Carrillo Fuentes: incluso su estado de salud se reportó estable. Pero al parecer tal estabilidad se debió a que aún no salía del sueño profundo en que lo sumió la anestesia y que derivó en complicaciones trágicas. Y en plena convalecencia saltó la crisis. Amado sintió fuertes dolores, señal de que el efecto de la anestesia terminaba. Un médico de guardia que lo vigilaba, al verlo retorcerse y quejarse de dolor, decidió echar mano de un somnífero de alta potencia —Dormicum— que al chocar con los flujos todavía circulantes de los anestésicos le provocó un paro respiratorio y en pocos minutos su corazón dejó de latir. Se le tornó rígido el mentón, de por sí restirado por la cirugía plástica, señal inequívoca de la muerte. De ser un hombre poderoso, Carrillo Fuentes hoy es sólo un tenue recuerdo en el poblado y violento mundo del narcotráfico.

La vida de Osiel Cárdenas Guillén, el reconstructor del cártel del Golfo, la pieza criminal más sanguinaria del México contemporáneo, no ha sido distinta a las de sus predecesores en el negocio de la droga. Calamitosa desde la infancia, una existencia como la suya acaba en rebeldía y puede sumir a cualquier individuo en la más profunda ruindad. A lo largo de su niñez y parte de su juventud, bordeó la tragedia y fue un azaroso golpe del destino el que lo arrojó a las redes de la delincuencia. Presa de una sed de poder, fue víctima de su propio entorno social, de la miseria padecida durante su infancia extraviada por falta de dirección. Fue esa adversidad la que apagó su alegría y, al correr de los años, abrió paso al odio y a la crueldad, que anidaron en su alma desprotegida y lo transformaron en un adolescente veleidoso.

La infancia y la adolescencia, que para cualquier ser ordinario son formativas, en Osiel se convirtieron en tétricos túneles de espesa oscuridad. En su juventud y hasta su captura en 2003, sólo lo jalona la voracidad por el dinero y los placeres. Ausente la madre y con un padre adoptivo, a Osiel le fascinan las mujeres bellas y bien formadas, son su debilidad, su refugio. Con ellas sacia sus ancestrales carencias que lo contristaron; rudo por naturaleza, ante ellas se doblega, incluso se muestra tierno mientras el gozo lo envuelve. Desea tenerlas a todas, una diferente cada noche.

Crecido en la miseria, el adolescente Osiel la rechaza tanto como la sufre. Sin recursos y abandonado a su suerte, sólo puede estudiar la secundaria en una escuela nocturna ubicada en la calle Cuarta y González, en Matamoros, Tamaulipas. Alterna sus estudios con un trabajo de mesero en el restaurante El Mexicano. Allí lava platos y sirve como mandadero. Sólo tiene 18 años y vive rumiando acerca de la vida que lleva. Pero también guarda sueños y ambiciones en los que funda la seguridad de tener las capacidades necesarias para conducir una alta empresa, vivir como príncipe, vestir prendas elegantes y frotar su piel con perfumes finos. No obstante esas proyecciones se esfuman apenas la mente del adolescente se enfrenta con la cruda realidad que le rodea. Y esos contrastes oprobiosos lo hacen vivir al acecho, oscilando con frecuencia entre el poder y el sufrimiento, calamidades que se prolongan con los años y le impiden, aún hoy, tener un solo instante de sosiego y serenidad interior.

Ya como delincuente, cambia su nombre por el de Alberto Salazar González en un juego perverso por ocultar su identidad. Le disgusta también su aspecto físico; lo acompleja su estatura de un metro con 67 centímetros y ciertas partes amorfas de su cuerpo, como sus pies. Calza del número nueve y medio y siente que esa medida no es proporcional con su altura. Recurre a las máscaras. Cuando comienza a escalar el pináculo del crimen, Osiel exige que le digan "ingeniero". Luego, vanidoso, ordena a un cirujano plástico un implante de pelo para evitar que la calvicie avance y termine por devorarle el cabello; también que le cumpla un capricho: que con sus manos le parta el mentón, para más tarde poder dar rienda suelta a su galantería. Con esos lujos Osiel reacciona con furia ante su origen, quiere ser otro a como dé lugar.

Cerca ya de los 20 años, su entorno social está cubierto de espinas que le provocan dolor y rabia. Enorme es su rencor y rebeldía ante la hostilidad que lo rodea, y enorme también la furia del destino que lo azota. Pero él no cede. Tan pronto como se siente dueño de su vida y del mundo, irrumpe en el mapa criminal, y lo hace por medio de asesinatos y traiciones. Ya tiene 25 años y aspira a ser amo y señor del narcotráfico, pero aún debe esperar su tiempo.

Al cumplir 31 años, Osiel grita a los cuatro vientos que quiere ser poderoso, dice estar dispuesto a pagar cualquier costo. Para él es la hora decisiva pues todo comienza a acomodarse a la medida de sus ambiciones. Vertiginoso y fulgurante fue su ascenso en el mundo del narcotráfico, estrepitosa, dolorosa, su caída, y más grave aún su desgracia. Hoy, a los 42 años de edad, en plenitud de sus facultades, Osiel purga una condena en un penal de Estados Unidos en el que ve cómo languidece su vida. Sabe, debe saberlo, que el ocaso va a llegar mientras esté recluido. También sabe que no hay forma de romper ningún eslabón de las varias cadenas perpetuas que ya lo esperan. La vida ha perdido todo sentido. Por eso cuando se ve a sí mismo y reconoce que está condenado a vivir los años que le restan en una cárcel, se sume en prolongados silencios. Lo perturban pensamientos trágicos como la muerte.

Confunde el encierro con la libertad y ese desfase lo hace pensar que todo es una fantasía. De pronto su mente se conecta con la realidad y entonces pasa del enojo a la tristeza.

El encierro lo fastidia. Pero Osiel no sabe que está confundido, que quizá este momento aciago sea el de mayor libertad y que es incomparable con los agitados días que vivió a salto de mata, huyendo de rivales, socios e incluso de él mismo. Ignora también que sumergirse en su mundo, en sus pensamientos y pensar en la muerte, como a menudo lo hace, es el acto de mayor libertad que puede experimentar un ser humano como él. Pero ese contacto consigo mismo lo lastima. Le duele su desgracia, no le gusta reconocerla. Osiel es para él mismo un extraño, un desconocido que cuando se asoma ligeramente a su interior le desagrada lo que ve. Osiel nunca experimentó la verdadera libertad. No fue libre ni en los momentos de mayor gloria como capo del narcotráfico.

2

El entorno hostil

Antes de nacer, Osiel Cárdenas ya tiene una cita con su destino trágico: el medio hostil que lo espera y que terminará por rechazar.

El 18 de mayo de 1967 Osiel Cárdenas nace en Tamaulipas, un territorio dominado por bandoleros de todas las raleas. La década se aproxima a su fin y aquel terruño del norte de México proyecta al exterior su bien ganada fama como lugar de asesinatos y venganzas. Todo huele a sangre; los delitos y muertes se multiplican en esa tierra que es de nadie y de todos. La cercanía con Estados Unidos sólo le atrae males y desgracias. El dinero sucio, que circula a raudales, corrompe vidas y hace que el delito florezca en ese campo fértil. Narcotraficantes, delincuentes comunes y peligrosos de todo tipo se afincan en ciudades como Nuevo Laredo, Reynosa y Matamoros, zonas estratégicas para el trasiego de droga hacia la Unión Americana, el boyante mercado de consumo.

Traficar con droga es una actividad común en esa época, y la oquedad de la frontera facilita su libre tránsito por el río Bravo que en tiempos de sequía muestra el color oscuro de su fondo, y permite a los *burros* (pasadores de drogas) y narcotraficantes cruzar caminando la frontera con Estados Unidos.

Del otro lado, la vigilancia es naturalmente escasa, pero las complicidades hacen que sea nula. Los traficantes preparan con meticulosidad pequeños o grandes cargamentos de cocaína, mariguana u otras drogas de moda, y eligen la hora en que la presencia de la policía fronteriza disminuye. Entonces comienza el trasiego y se vuelve habitual ganar dinero llevando droga al valle de Texas o más allá de esos límites territoriales. Allá esperan y desesperan, ansiosos, miles de consumidores cuyos cuerpos les exigen alimentarse con las sustancias que les surten las amplias redes de vendedores clandestinos en sitios exclusivos.

Este negocio, que crece como una bola de nieve y los envuelve, comienza a atraer a más y más incautos. Y así, de manera sigilosa, casi imperceptible, comienza a imponerse en la sociedad una cultura del negocio fácil y rentable. Con una celeridad sorprendente, el narco suma cada día más adeptos y engancha clientes sin miramientos. Ni la inocencia de los niños que terminan por suplir la leche que los nutre por la droga que los destruye poco a poco frena este flagelo. Entre los infantes y adolescentes el narco impone también una suerte de sentencia que a veces se convierte en estigma: ya no es necesario estudiar una carrera profesional, ni pasar varios años en el aula para aprender un oficio; el tráfico de drogas es un camino corto que retribuye buenos dividendos con una rapidez impresionante.

Como plaga, emergen por todas partes caciques, bandoleros y capos. No hay poder humano que los detenga porque el dinero que fluye sin pausa termina por paralizar a las autoridades y adormecer a la sociedad que calla ante la injusticia. La droga y el dinero fácil son el anestésico más eficaz para destrabar problemas. En la fiebre del comercio ilegal de drogas, el negocio de moda, ya no existe barrera legal que detenga su expansión. Los narcos se erigen en autoridad, y al poder que ejercen deben ceñirse quienes, delincuentes o no, quieran emprender su propia empresa. Sólo un arreglo con la mafia que domina el territorio puede garantizarles éxito. Una vez enganchados, no hay retorno posible. En Tamaulipas y en otros estados del país brotan conflictos por el control territorial y se multiplican las matanzas por el dominio de la plaza. En esta guerra sólo se impone, como en la selva, la ley del más fuerte, del que está mejor relacionado con el poder político en turno.

En la época que nació Osiel, en Tamaulipas manda un hombre poderoso: Juan Nepomuceno Guerra Cárdenas. Viejo traficante de alcohol, lleva ya varias décadas sorteando todas las dificultades, lo que lo convierte en indiscutido capo de capos. Hombre bragado, también tiene fama de matón; su proclividad por las escaramuzas lo llevó a sentar, a sangre y fuego, las bases de lo que más tarde sería el cártel del Golfo. Dispone de tanto poder que nadie cruza por su feudo sin su consentimiento. Quien desafía a este viejo cacique se muere, sólo impera su ley en la región. Como nunca vacila cuando amenaza y tiene una bien ganada fama de que siempre cumple su palabra, se convierte en leyenda del crimen. A Nepomuceno Guerra le respetan y le temen al mismo tiempo.

En el año 1967 don Juan vive su etapa de mayor esplendor. Ya es dueño del territorio y tiene de su lado a las autoridades. Ha tejido una historia negra que trasciende los límites de Tamaulipas. Fuera del estado suena y resuena su historial delictivo. Lleva ya años inmerso en el negocio de matar, de traficar con personas y con todo lo ilegal. Ha sabido trabajar incansablemente en el tejido de redes y complicidades. Quizá sin saberlo, su intuición lo ha llevado a hacer valedera la máxima de que "el trabajo perseverante conquista todas las cosas".

Tan poderoso ya en esos tiempos, tan glorioso como impune, muy pocos le dicen "don Juan". Él siente que ha subido de categoría, que está situado en el lugar más alto de la jerarquía mafiosa. Es entonces cuando se hace llamar *El Padrino de Matamoros*. Ha dejado de ser un delincuente habilidoso y huidizo que paga por su libertad a policías municipales; ahora se codea con altos mandos del Ejército y de la Policía Federal, quienes lo respetan. Saben que el viejo cacique ha vencido a sus rivales echándolos de su territorio o eliminándolos. Le gusta que lo consideren capo de capos: intocable, multimillonario, poderoso… Siente que eso le da dignidad. Por eso los nuevos narcotraficantes que medran en Tamaulipas prefieren pactar con él y se acercan para llevar a buen puerto sus oscuros negocios. Y es precisamente en esta deferencia que asienta su liderazgo y lo convierte en mecenas.

Así como asesina a quienes no se atan a su círculo pernicioso, sabe impulsar a pequeños y medianos delincuentes en sus negocios, siempre bajo su sombra protectora, pero don Juan no les permite que brillen con luz propia; siempre deberán orbitar bajo su reflector.

Don Juan Nepomuceno nace el 8 de julio de 1915 —época en la que surgen grandes mafiosos en el mundo, como Rocco Maggio, Tony Capellaro, Girolamo Colosimo y Alphonse Capone— en el rancho El Tahuachal, en Matamoros, y comienza su carrera delictiva con sus hermanos Roberto y Arturo. A diferencia de Osiel Cárdenas —que se inicia en el negocio de las drogas introduciendo cocaína en Estados Unidos—, durante las décadas de los cuarenta y los cincuenta, don Juan comercia ilegalmente alcohol en el vecino territorio del norte. Ése fue su primer negocio en el mundo del hampa. Pero no se siente satisfecho con esas actividades, sus ambiciones son ilimitadas. Esa inconformidad lo lleva a ampliar su campo delictivo e incursionar en el robo de automóviles, tráfico de indocumentados, compra y venta de armas, casas de juego, trata de blancas, venta de protección, o secuestros, culminando con la modalidad más rentable del crimen organizado: el narcotráfico.

En 1933, cuando el gobierno de Estados Unidos deroga la prohibición de alcohol, decretada la década anterior, el negocio de la bebida comienza a repuntar. Liberada la venta del licor, su comercialización y consumo se elevan notablemente y convierten ese negocio, otrora prohibido y clandestino, en el más reditable. Y el imperio creado al amparo del mercado negro se derrumba. Pero aquellos cambios no perturban al joven don Juan, apenas forjado en esos menesteres pero dueño ya de una empresa criminal nada despreciable que controla con discreción. Por aquellos años don Juan es tuerto en tierra de ciegos. Matamoros, su feudo, tiene escasos 15 mil habitantes. El viejo cacique ha invertido el tiempo necesario para aceitar su maquinaria y tejer con paciencia de orfebre sus relaciones con los hombres del poder; intuyendo quizás que en el buen funcionamiento de esos engranajes radica precisamente la fuerza que le garantiza impunidad. Tiene de su lado al poder político.

Por aquellas fechas Francisco Castellanos Tuexi es gobernador de Tamaulipas y desde la más alta esfera del poder sirve al mismo don Juan. Formado en la milicia, este general logra escalar con tesón los peldaños en la resbaladiza escalinata de la política. Llega incluso a ser administrador de aduanas, luego diputado, senador, incluso procurador general de Justicia del Distrito Federal en los años cuarenta. Con habilidad, sabe conciliar su capital político con el de la mafia. Eso lo lleva a ostentarse con orgullo como abogado de confianza del fundador del cártel del Golfo. Este hecho no resulta menor; estar bajo la sombra protectora de don Juan es vivir cobijado por el tótem del crimen organizado.

La figura de don Juan como cacique y delincuente se acrecienta. Mafiosos y políticos le rinden pleitesía. Con esa fama, y con ese poder ilimitado, Nepomuceno Guerra cruza, airoso e impune, la década de 1940. La vida parece sonreírle, sin perturbaciones, sólo le acucia la idea de trascender como varón, y acicateado por el amor busca una pareja. Aunque hay un problema: su fama no le ayuda, todos le temen. Pero ese obstáculo no lo arredra. En 1943 y sin vacilar, elige como esposa a Gloria Landeros, con quien procrea tres hijos: Gloria, Juan Nepomuceno y Lázaro.

Don Juan no sabe ocultar sus relaciones políticas porque tiene claro que son las poleas que lo impulsan y lo sostienen firme en el agitado mundo criminal. Las exhibe como armas, como escudos; las oculta cuando se excede en sus alardes de poder. A menudo le agrada hacer vida social y mostrarle a la gente cuán poderoso es. Por eso el 15 de mayo de 1945 prepara una fiesta e inaugura su famoso restaurante Piedras Negras, en honor de la polca de ese nombre que está de moda y que le gusta mucho a su compadre Alejandro Garza, ex presidente municipal de Reynosa.

Diez años antes de morir, el 21 de octubre de 1991, mermados ya sus ánimos, el viejo enfrenta una fuerte sacudida: por primera y única vez es apresado por evasión de impuestos. Pero sus relaciones y complicidades lo sacan a flote. La acusación en su contra se desmorona y las autoridades terminan por liberarlo y ofrecerle disculpas.

De lo que ya no se libra es que sus atrocidades salgan a la superficie. Paralelamente al escándalo que provoca su detención, Óscar López Olivares, *El Profe*, hombre cercano al capo Juan García Ábrego, futuro jefe del cártel del Golfo, traza un retrato del cacique de Matamoros: "Don Juan mató a su esposa y nunca le hicieron nada. Mató al comandante Octavio Villa Coss, hijo de Pancho Villa, dentro de su restaurante, y tampoco le hicieron nada".

Don Juan se sabe poderoso e impune, y eso lo hace proclive al exhibicionismo: no se contiene. Alardea de su poder y se siente intocable, de hecho lo es. Pero el viejo juega al poderoso a conveniencia. Cuando lo siente necesario sabe vestirse con la armadura del bajo perfil, mostrando entonces su rostro ladino, marrullero y, siempre que así lo exija la situación, humilde.

Le dicen *El Rey*, y se muestra como tal. Jocoso, chispeante, suele pedir a sus interlocutores: "Por lo menos tráiganme la corona". Se sabe intocable, y bromea: "Ya les gusté para jefe de todo". Pero la euforia pasa y entonces don Juan se desinfla. Así es su personalidad, polifacética y contradictoria.

Situado en el más alto peldaño, ninguna autoridad se atreve a perturbar a don Juan, aun cuando todo mundo conoce su negro historial. Lo cierto es que las autoridades nunca pudieron, o no quisieron, comprobarle ningún delito. Así vivió hasta el 11 de julio de 2001, cuando la muerte lo sorprende sentado plácidamente en una silla de su famoso restaurante Piedras Negras.

Hasta 1996, el restaurante no es muy grande. Luce decorado con una veintena de cuadros y gallos. Sus paredes exhiben variadas fotografías, donde el dueño aparece vestido de charro, rememorando tiempos idos. No faltan sus amigos y conocidos que lo visitan, como el ex presidente Carlos Salinas de Gortari y el ex gobernador Américo Villarreal. Pero el negocio no prospera ni con esos asiduos visitantes. Ni la decoración ni la buena comida resultan atractivas a la gente. El lugar goza de mala fama y por eso escasea la clientela.

Pero eso parece no importarle al añoso cacique. Él siempre se solaza de su negocio y dice con tono vanidoso: "Quien no conoce el Piedras Negras, no conoce Matamoros". El restaurante es el sitio preferido de mafiosos y políticos —poder y mafia dan forma a un rostro andrógino—, lo que enorgullece al viejo, quien no se reprime y suelta la frase: "A mi restaurante han acudido toda clase de políticos, gobernadores, senadores, diputados, presidentes municipales. De la amistad con alguno de ellos se valieron mis amigos cuando tenían algún problema y utilizaban mi nombre".

A menudo le preguntaron por el narcotráfico, el negocio de su pasión, pero no cayó en la trampa: "Yo ni fumo. Soy hombre de trabajo y siembro mis tierras, pero para darles de comer a los burócratas, a los de traje y a uno que otro de *smoking*. No me bajan de padrino, hasta de rey".

El tiempo no transcurre sin dejar huella. Don Juan N. Guerra marca toda una época en Tamaulipas, enseña a sus socios, amigos, mafiosos y familiares las artes de su jugoso negocio que lo encumbra en la esfera criminal. *El Padrino de Matamoros* empieza a sentir cansancio y sabe que la hora final se acerca. La edad avanza y sus fuerzas comienzan a disminuir. Pasa la mayor parte del tiempo sentado en su restaurante. Esto lo sume casi en la inmovilidad, pero le permite preparar con toda paciencia al que será su relevo, su principal heredero: Juan García Ábrego. Este joven robusto tiene 20 años en 1967 y ha sido elegido por su tío como nuevo jefe. Pero todavía tiene mucho que aprender, por eso el viejo no le suelta las riendas de la empresa criminal, y lo mantiene vigilado, midiendo sus alcances, su temple y su valor.

Es en el Piedras Negras donde Juan García Ábrego traba sus primeras relaciones peligrosas con pistoleros y contrabandistas. En sus inicios, el futuro heredero del cártel del Golfo convierte el restaurante en uno de sus centros de operaciones. Acude ahí con frecuencia para cerrar negocios; pacta en ese sitio con policías, con autoridades locales y federales.

Mientras García Ábrego se forja, en otro lugar de Tamaulipas una familia de humildes campesinos espera el nacimiento de su hijo. Faltan pocas semanas para el alumbramiento, para que venga al mundo Osiel Cárdenas Guillén, el hombre que 30 años después relevará a García Ábrego al caer éste en desgracia.

En 1987, un hecho trágico termina por ahuyentar a los pocos comensales que visitan el Piedras Negras: se suscita una balacera en la que caen acribillados el policía judicial federal Tomás Morlet y Saúl Hernández, de la banda de García Ábrego, a quien se le adjudica legalmente la muerte del agente federal.

Este episodio deriva en pleito. Se afirma que Juan García Ábrego y su tío rompieron relaciones. Pero la versión, tantas veces difundida, no parece tener una fuerte carga de verdad. Don Juan Nepomuceno Guerra se expresa en buenos términos de sus sobrinos Juan y Humberto, aun después del encarcelamiento de ambos, en 1996: "Eran muchachos muy trabajadores, ¿cómo negarlo?, sería un delito... Lo único cierto es que a mí me han hecho mucho daño, social y comercialmente. No sé por qué me escogieron a mí, ni por qué les gusté para ser jefe de todo".

3

Los primeros años

El mundo que esperaba a Osiel no era prometedor. En la zona donde nació había muchas familias cuyas fortunas eran cuantiosas. En contraste, sus padres vivían inmersos en la pobreza y la desesperación por falta de recursos. La miseria envolvió a Osiel desde el principio. Situado a 72 kilómetros de Matamoros, el rancho El Caracol, donde vio la luz por primera vez, pasó en pocos años de la prosperidad a la pobreza opresora. Cerca del lugar se encuentra el puerto El Mezquital, que en realidad es un simple tramo de laguna carente de muelles; no llega siquiera a un embarcadero debido al accidentado terreno, repleto de barrancos que miran al afluente. Los lugareños nunca han visto un barco atracado en sus orillas.

Alrededor del rancho donde nace Osiel los cultivos básicos como maíz, frijol y los árboles de la extensa finca, antaño frondosos, comienzan a desaparecer; el dinero escasea y el poco ingreso familiar se esfuma con una rapidez sorprendente que sumerge a la familia Cárdenas, propietaria del predio, en una precariedad cargada de trágicos presagios. La suerte, antes fiel compañera de los moradores del lugar, cambia de dirección y ahora se niega a estar con ellos. Imploran a

Dios para que los ayude a superar la mala racha que oscurece su porvenir, pero sus plegarias no tienen respuesta. A pesar de su fervor, la familia es arrastrada por un adverso vendaval, y si alguna vez hubo armonía, ahora todo se agita en su entorno. Los parientes y amigos cercanos se alejan; los vecinos les cierran sus puertas pues no quieren ser molestados; sus viejos conocidos comienzan a desconocerlos. Los Cárdenas intentan cobrar deudas atrasadas pero nadie les responde. La comida, en otro tiempo abundante, empieza a escasear.

El auxilio no llega ni de la tierra ni del cielo. Todo va de mal en peor para ellos. En esas condiciones cruzan el año de 1966, y en mayo de 1967, los Cárdenas parecen seguir atrayendo sus propios males aunque no sean conscientes de ello. A pesar de sus apuros y su precaria situación, se salvan de ser ahorcados por la asfixia económica, y reciben un regalo que alivia temporalmente sus días: el 18 de mayo de 1967, a las 0:30 horas, un prolongado llanto anuncia el nacimiento del sexto hijo que Manuela Guillén y Enrique Cárdenas traen al mundo.

Aquel bebé de piel blanca y rostro inocente ya tiene nombre. Sus padres han decidido llamarle Osiel y, como tal, es registrado ante el Registro Civil de Matamoros. El acta 2786 da cuenta de este hecho.

En la ciudad de Matamoros, Estado de Tamaulipas, a las 9:50 horas del día 22 de junio de 1967, ante mí Eduardo M. González, Oficial Mayor del Registro Civil, comparece Enrique Cárdenas y presenta al niño Osiel Cárdenas Guillén, que nació a las 0:30 horas del día 18 de mayo de mil novecientos sesenta y siete en esta ciudad.

Acta de nacimiento de Osiel Cárdenas Guillén.

Aunque aquel niño se suma a la pesada carga que lleva a cuestas la familia, su presencia se convierte de pronto en objeto de atracción y curiosidad. Años después lo sería de rechazo y de amargos recuerdos. Despojado de apariencias, el bebé es la esencia del ser. Y atrae con fuerza magnética. Sus hermanos mayores Mario, Ezequiel y Homero están atentos a su nacimiento y, tan pronto como concluye el parto, quieren verlo y tocarlo. No se les permite sino hasta más tarde, cuando el recién nacido duerme. Días después, lo ven despierto finalmente, como entrelazando los dedos de ambas manos.

Los padres sienten un nuevo impulso a pesar de su precariedad. Ambos se disputan el privilegio de tener al niño en brazos. Debe cuidársele, y no desean que otros ojos curiosos lo miren; cuidan que ningún intruso lo perturbe. Por eso lo mantienen celosamente encerrado en su cuna. No permiten que el bebé se altere y rompa en llanto, y cuando está despierto se desviven por él, pues sabe robar toda la atención de padres y hermanos. Todos están atentos a sus movimientos y se turnan para atenderlo mientras la madre reposa y cumple la cuarentena de rigor tras el parto.

Osiel comienza a mostrar su poderosa fuerza desde los primeros meses; mantiene a cinco personas atentas a sus actos, provocándoles risas que se prolongan durante horas. La familia observa de cerca sus ojos entreabiertos, le tocan las mejillas, le estiran las orejas, juegan con sus manos, le acarician la cabeza, lo cargan; y el indefenso bebé danza de brazo en brazo; luego lo ponen de pie, lo sostienen de las manos y lo hacen caminar en el piso de tierra para, según la creencia familiar, endurecer sus débiles piernitas.

Así pasa el tiempo hasta que el niño Osiel no puede más y estalla en llanto. Llora de cansancio, de hambre, de sueño. Entonces su madre lo amamanta hasta que se duerme plácidamente, luego lo deposita en su cuna, arropado con cobijas y calentado por la luz de una lámpara. La escena se repite durante semanas, meses, que se convierten en los más felices para la familia Cárdenas Guillén, a pesar de sus necesidades. Se sienten fuertes al contar con Osiel y eso les renueva los ánimos para salir adelante todos juntos. Poco les preocupa el futuro del bebé, nebuloso aún; lo acuciante para ellos es la pobreza que los atenaza.

Genéticamente, Osiel parece dotado para las grandes pruebas de la vida. Desde niño, y más tarde como adolescente, muestra un carácter rebelde, aunque con frecuencia reprime sus emociones porque no sabe qué hacer con lo que siente. Otras veces —y ésta será la característica de su dualidad— los embates del exterior son más fuertes que su resistencia y entonces estalla en cólera, en arrebatos incontenibles, como un huracán que arrastra con todo lo que encuentra a su paso.

Este carácter se reafirma en sus primeros 20 años de vida no sin enfrentar algunas fases de desequilibrio. El medio que lo rodea es agresivo y Osiel enfrenta al destino con violencia. Su conciencia aún está dormida y seguirá paralizada durante mucho tiempo. Ningún estímulo exterior parece romper su letargo y perturbarla.

Osiel gira en un entorno hostil y queda atrapado en un torbellino de personalidades, sin hallar la adecuada. La ausencia del amor paternal, que Osiel extravía cuando se entera de que Enrique Cárdenas no es su padre biológico, sino su tío, abre un vacío que no llena ningún afecto temporal o fortuito. Su voluntad, que más tarde será férrea, apenas está en proceso de crecimiento, pero de manera confusa. Su mente se dispara en todas direcciones y no acierta en ninguna; con frecuencia se siente extraviado ante la imposibilidad de revertir las adversidades, zozobra prisionero de impulsos y deseos sin dirección. No sabe lo que quiere, ni a dónde ir, y esa incertidumbre lo acompañará durante mucho tiempo. En su agitado interior se aceleran las pulsaciones, los temores se multiplican y anuncian una erupción. Es un estruendo decisivo en su vida. Ese estallido lo proyectará por caminos accidentados que marcarán de manera indeleble su desordenada vida adulta.

Rebelde por naturaleza, el adolescente Osiel logra terminar la primaria y continúa sus estudios de secundaria en una escuela nocturna del centro de Matamoros, ciclo que concluye a marchas forzadas. Estudiar no es su fuerte, y así lo comentan sus padres y hermanos, quienes conocen sus limitaciones en ese aspecto. Incluso conjeturan que Osiel está destinado a ser un holgazán sin oficio ni beneficio. Su comportamiento es inapropiado y su mente es como una hoja en blanco que no registra las lecciones de sus maestros. En el salón de clases sobresale por ser el más distraído de los alumnos. Sus profesores le llaman la atención a menudo. Pero él persiste en mantener su mirada permanentemente fija en el techo o en la ventana, como buscando una respuesta en la lejanía… que no llega. Tan pronto es perturbado de su letargo, comienza a jugar con su compañero de pupitre, al que distrae con tirones de cabello. Nunca está quieto. Cuando no es observado por el maestro, punza la espalda de su compañero de enfrente con la puntilla del lápiz o pellizca al que está a un lado. Deshoja los cuadernos para lanzar bolitas de papel y, según recuerdan sus compañeros, muchas veces opta por salirse del aula sin pronunciar una sola palabra. Su vida es un juego interminable.

En su inquieta adolescencia, Osiel desconoce lo que hay más allá de su pueblo. Su vida es rutinaria: todos los días camina de su casa a la escuela, y viceversa, y esa monotonía comienza a cansarlo. A la pobreza que le rodea se suma un ambiente alterado por la ruidosa música que invade la casa familiar en la que poco se sabe de libros y de notas musicales que armonicen el espíritu. Así crece Osiel, entre baladas inspiradas en dolores sentimentales y amorosos, canciones de cantina y composiciones norteñas que a menudo incitan a la embriaguez y aletargan aún más su apagada conciencia.

En su pueblo polvoriento abunda la ignorancia. Las aspiraciones personales terminan por extinguirse porque el medio social, con sus tentáculos costumbristas y culturales, absorbe todo destello de superación si la voluntad del individuo flaquea como la suya. Osiel queda atado a estos grilletes porque siempre observa los mismos rostros, se niega a sí mismo toda posibilidad de crecimiento y termina aceptando que su futuro no está en otra parte más que en aquel estrecho lugar donde todo parece suspendido y nada se mueve hacia la prosperidad por el impulso del trabajo honesto.

Cuando emprende su primer viaje, en 1980, a la edad de 13 años, el rostro se le ilumina. Acompañado por sus padres, sale del rancho El Caracol hacia Matamoros. Es una ruta demasiado corta que, para el adolescente, significa un nuevo aire. Esos escasos kilómetros en autobús le renuevan el ánimo y apaciguan, momentáneamente, su alterado temperamento.

Pero aquel recreo y brío le dura muy poco. Tan pronto están de regreso en casa vuelve a sumirse en su triste realidad, entre el ruido y el vacío. La rutina lo envuelve de nuevo y se siente otra vez incómodo en su prisión. Se deprime y se enoja. Pero con el paso de los años, Osiel da muestras de tener capacidad para superar las depresiones por fuertes que se presenten. Siente un impulso que le sacude el hastío y quiere superarse aun dentro de un medio que nada le promete.

El trabajo en el campo es todo el mundo que conoce. Pero en la casa familiar, de vez en cuando se escucha a sus padres marcar otro rumbo: "El estudio labra el camino al éxito", o "debes estudiar y superarte", le dicen. Aquellas frases, que ha escuchado reiteradamente, le martillean el cerebro, al igual que la música perturbadora que inunda su espacio interior. La sugerencia paterna le resulta clave en su vida, pues ya de adulto la ha de repetir a los niños cuando se ve reflejado en ellos.

La sugerencia de estudiar, y éste es un signo de sus múltiples yoes, resulta incongruente en la vida de Osiel, pues nunca enfoca sus fuerzas en el estudio ni le interesa cursar una carrera universitaria. Él mismo cancela esa posibilidad y por ello le es retirado el apoyo familiar. Tan pronto abandona la escuela, Osiel siente el primer tirón de la vida laboral. Ahora tendrá que sobrevivir por sí solo, sortear sin sostén las dificultades y sinsabores del agitado mundo que le rodea.

Con sus limitados estudios, pero dotado de una habilidad innata, Osiel decide trabajar poco antes de cumplir 15 años. Se inicia lavando platos, luego se convierte en mesero del restaurante El Mexicano, más tarde aprende el oficio de mecánico. Rechaza los cursos para armar y desarmar motores de automóviles y aprende observando, engrasándose las manos, quitando tuercas y cables. Mira a los maestros del oficio y pide que le enseñen. "Quiero aprender a trabajar", confiesa con honestidad. Ese contacto con la realidad le activa el resorte de su vocación, aunque con frecuencia desoye la voz interior que le llama. Pronto adquiere las habilidades para desarrollar su trabajo y ganar dinero en un taller de Matamoros, donde su disponibilidad y destreza le allegan la confianza de sus patrones. Pero el salario no le basta para independizarse, y tiene que vivir largos periodos en casa de Lilia Cárdenas, su hermana, con quien se acoge cuando tiene aún 14 años. Trabaja todo el día, y así, entre metales y grasa, Osiel ve pasar los meses. Con tan precaria economía, gran parte de sus entradas únicamente le alcanzan para la comida y esa situación le irrita. Lo invade la tristeza y se constriñe a racionar sus gastos, invirtiendo sólo lo necesario en esporádicas diversiones.

> 34. Declaración de **LILIA CARDENAS GUILLEN**, de 51 veintinueve de diciembre de mil novecientos noventa y nueve, ante la agente del Ministerio Público de la Federación adscrita a la Fiscalía Especializada para la Atención de Delitos Contra la Salud, en Matamoros, Tamaulipas, en la que expuso: **"...Que en relación con su hermano OSIEL llegó éste a vivir con ella en la ciudad de Matamoros a los 14 catorce años y empezó a estudiar la secundaria y a trabajar en diferentes lugares como en un taller mecánico,** en un restaurante y al parecer en una fabrica, que termino de estudiar la secundaria y posteriormente se casó con **CELIA SALINAS y se fue a vivir a un taller mecánico y que dejó de verlo pero que OSIEL** a veces la visitaba y fue como supo que **OSIEL** trabajaba en un taller mecánico y que no supo después en donde mas trabajaba, y que actualmente no lo ha vuelto a ver desde la fiesta del hijo de **OSIEL** en el mes de septiembre de 1999. ...". (fojas 146 a 149, Tomo VII).

Extracto de la declaración ministerial de Lilia Cárdenas Guillén en la que confirma que su hermano Osiel vivió con ella en Matamoros.

Dura y hostil, así percibe Osiel la lucha cotidiana por la vida. Cuando todo parece caminar en ruta ascendente y el joven empieza a tomar confianza en sus habilidades como mecánico, el destino lo pone a prueba cuando se entera de que Manuela Guillén, su madre, ha fallecido. Tras llorar su muerte, recobra el ánimo, pero otra arremetida sacude su identidad: una voz indiscreta le informa que el señor Enrique Cárdenas no es su padre, sino su tío.

"¿Y mi padre? ¿Quién es mi padre?", se pregunta en silencio. Un familiar le cuenta que su progenitor murió antes de su nacimiento y que su tío acogió a su madre cuando él ya estaba en trayecto al mundo. La ausencia de sus padres ha de gravitar ininterrumpidamente. Osiel no encuentra la imagen del padre en ninguna otra figura masculina. En cambio, encuentra en su hermana mayor el reflejo maternal, el cobijo amoroso que le hace sentirse protegido. Y lo disfruta.

La ausencia de su madre le provoca un gran vacío y lo marca de por vida. Huérfano, Osiel se sabe solo en un mundo movedizo. Al problema de su independencia personal y económica se une el abandono que lo envuelve, y le debilitan el ánimo hasta doblarlo. Osiel siente respeto y cariño por el señor Enrique, su padre adoptivo, pero en su fuero interno añora y sufre la ausencia de su padre biológico, a quien evoca con frecuencia, sobre todo en sus momentos de soledad o cuando está con sus amigos y familiares más entrañables.

Pero ningún pesar es eterno. Osiel decide distanciarse de sus parientes y hermanos, y lo hace sin titubeos al dejar a Mario, Ezequiel y Homero Cárdenas Guillén. Obedece ya al creciente llamado de esa voz que le dicta qué hacer y lo lleva a trompicones a buscar la soledad. Hasta sus oídos llegan rumores de que sus hermanos mayores no andan en buenos pasos y se desentiende de ellos, sólo mantiene el vínculo con Lilia y Rafael, quien a partir de entonces interviene en su vida, para bien y para mal.

A su corta edad y embarcado en esa aventura vital, Osiel siente la dureza de su existencia. Lo perturba incesantemente el temor al fracaso, y siente que su acelerada carrera se paraliza en la intrincada ruta de la vida por falta de dirección y un trayecto definido. Son momentos de confusión e indecisiones. Osiel tiene que saltar esta etapa, sacar fuerzas y coraje de su interior hasta encontrar, como lo hará después, el resorte que lo impulse a salir de ese caos existencial.

Fuera del seno familiar, empeñado en ser un eficaz mecánico, el adolescente Osiel deambula por las calles de Matamoros tocando todas las puertas posibles para ofrecer sus servicios.

Cuando cumple 22 años Osiel ha tenido ya varios empleos. Ha trabajado en restaurantes como mesero, mandadero y ha recorrido varios talleres mecánicos. Aquel trozo de metal que es Osiel tiene que ser sometido todavía a más altas temperaturas para forjarse, pero tiene la convicción de que su voluntad es más fuerte que la adversidad que lo sacude. Cree ser un hombre superior, se siente más fuerte que su desgracia y reta al destino. Ahorra el poco dinero que dispone y lo arriesga en una inversión. Adquiere un terrenito en la calle 14 esquina con Morelos, en Matamoros, para edificar ahí un modesto taller mecánico.

Por primera vez Osiel ve la posibilidad cierta de poner en orden su existencia siempre insegura. Recibe apoyo de su hermano Rafael, cuya influencia es determinante, pues ya está enganchado en el tráfico de drogas a menor escala. En medio de su precariedad, Osiel conoce a Celia Salinas Aguilar, empleada de una maquiladora donde tiempo atrás él prestó sus servicios.

> **33.** Declaración de RAFAEL CÁRDENAS GUILLEN, de veintitrés de diciembre de mil novecientos noventa y nueve, ante el agente del Ministerio Público de la Federación adscrito a la Fiscalía Especializada para la Atención de Delitos Contra la Salud en Matamoros, Tamaulipas, en la que dijo: "... que es hermano de OSIEL CÁRDENAS GUILLEN pero que no sabe en que lugar vivía ni a que se dedica, solo sabe lo que ha salido en los periódicos en el sentido de **que se dedica al narcotráfico** pero que tiene aproximadamente un año y medio que lo visito en una casa en la ciudad de México que se encuentra en Jardines de Coyoacán toda vez que se encontraba arraigado por la Procuraduría General de la República que incluso OSIEL le comentó que lo estaban investigando por delitos de CONTRA LA SALUD, pero que OSIEL le dijo que no le habían comprobado nada, que sabe que esta casado con CELIA SALINAS y que ignora su domicilio, que en cuanto a su otro hermano MARIO CÁRDENAS GUILLEN, este se encuentra recluido en el penal de Santa Adelaida en la ciudad de Matamoros, por delitos de CONTRA LA SALUD, desde hace aproximadamente cuatro años, que cuando visito a su hermano OSIEL en la ciudad de México éste le presentó a una persona de nombre SALVADOR GOMEZ, el cual al parecer mataron el año pasado. ...". (fojas 132 a 135, Tomo VII).

Extracto de la declaración ministerial de Rafael Cárdenas Guillén en la que reconoce a Celia Salinas como la cónyuge de su hermano.

Pronto surge el romance y, tan resuelto está en unir su vida con aquella mujer, que decide vivir en unión libre. Más tarde, cuando está en posición de casarse, no titubea en legalizar su unión. No tiene dónde vivir, pero no le incomoda ocupar el pequeño taller que es al mismo tiempo su hogar y el negocio que les da de comer a él y a su compañera.

Los ingresos del taller no son suficientes y se desespera por la falta de dinero. No tiene paciencia para esperar ni para mirar a las alturas, ni para rogar que le sea dado. Él quiere mostrarse superior por voluntad propia.

Al verlo tan atribulado, su hermano Rafael le ofrece formar parte de su rentable negocio, la venta de drogas, aunque Osiel sabe que esa actividad no es del todo segura. El mayor de sus hermanos lleva algún tiempo conectado con esa ocupación y tiene bien aceitadas sus relaciones con policías y distribuidores. Osiel decide probar suerte y arriesga su libertad. En poco tiempo obtiene buenos ingresos. El discreto taller mecánico pronto pasa a ser sólo una pantalla de sus actividades; vuelve a sortear de nuevo la oleada de adversidades y comienza a descollar en su nuevo oficio de "grapero".

Ahora recorre las calles cargado con dosis de cocaína y mariguana. De día y de noche el taller es visitado por consumidores desesperados por adquirir las sustancias que mitiguen sus ansias. Carros de todas las marcas, y personas de posición económica acomodada, se estacionan afuera del negocio. Simulan una reparación para hacer tiempo y así concretan el trueque de dinero por drogas que pasa velozmente de unas manos a otras. El taller se convierte en una suerte de centro de operaciones a pequeña escala. Desde ahí Osiel traba sus primeras relaciones con agentes locales y policías federales, quienes arriban al negocio para que les arregle sus patrullas y vehículos particulares. Los policías ya saben que Osiel vende drogas y deciden, en abierta complicidad, brindarle protección.

Pronto Osiel gana terreno en su actividad de narcomenudista. Aumenta la clientela y comienza a ser conocido en el submundo de los drogadictos de toda índole. Sus ingresos aumentan, pero él, siempre voraz, se muestra aún inconforme: quiere más. El negocio del narcotráfico representa un campo fértil: lo ha visualizado, y se apresta a cruzar la frontera para llevar pequeños encargos.

Evade la vigilancia policiaca, y sigue afinando sus estrategias y habilidades. Aprende a negociar impunidad del otro lado de la frontera, a zafarse de líos y a perderlo todo a cambio de su libertad. Entre más gana, más dinero desea. La avidez lo lleva a concretar pedidos mayores de droga, los cuales cruza por el río Bravo. No tiene que navegar ni rentar una lancha rápida. Hay temporadas en que puede cruzar hacia Estados Unidos caminando, con el agua a la cintura o bordeando sus rodillas. Así viaja a Texas y regresa a Matamoros cargado de dólares. En sus ratos libres bebe licor, come como sibarita y se da el gusto de sentarse cómodamente a contar el dinero de sus ganancias ilícitas. Ésa es la vida que anhela, ésa es la vida que desea seguir. Es el túnel de lo ilegal que da rienda suelta a sus locas ambiciones.

Osiel ya está encaminado en una ruta sin salida, pero como incipiente veinteañero, eso es algo que no le preocupa. Por ahora lo que gana le permite aflojar la cuerda de sus aprietos económicos. Entre fines de los ochenta y principios de los noventa, con un poco de dinero en los bolsillos se instala en un departamento sencillo. Ha decidido vivir plácidamente al amparo del veneno que reparte en ambos lados de la frontera y estrecha aún más sus lazos con la policía, para la que más adelante trabajará como informante.

4

El antecesor

Cuando Osiel Cárdenas da sus primeros pasos en el mundo del narcotráfico, apenas ocupa un trocito del inmenso territorio dominado entonces por una figura emblemática de la mafia: Juan García Ábrego. El poderoso capo, heredero del imperio de Juan Nepomuceno Guerra, ignora que un distribuidor de droga menor se mueve entre callejones de mala muerte, vive bajo la sombra de las estrechas paredes de un taller mecánico que es también su hogar y sólo cuenta con lo mínimo indispensable, incluido un pequeño retrete; además, es 20 años más joven que él. Tampoco sabe que, en pocos años, ese diestro especialista en robo de automóviles de lujo será poderoso en la plaza más peleada por los grupos criminales dedicados al tráfico de drogas. Ninguna señal le llega a Juan García Ábrego de que el sucesor de su *narcoimperio* está gestándose, nutriéndose en ese medio social tan portentoso como enfermizo y tóxico. Ninguno de los dos sabe cuál será su futuro.

Pero faltan años para que se dé el relevo. Por ahora, García Ábrego vive su etapa de esplendor. Goza de poder, de amigos y, como todos los capos que han escalado hasta la cúspide, dispone de muchas amantes, una de sus debilidades más conocidas en su círculo más cercano. Mujeres de todos los niveles sociales, sedientas de poder y de lujos, quieren estar a su lado, desean recibir en sus seductoras manos los regalos caros que el narcotraficante reparte sin reparo porque, en su embriaguez de abundancia, este hombre que rebasa los 110 kilos de peso no sabe escatimar dinero cuando se trata de halagar a una dama.

Todo lo que rodea a García Ábrego es exceso. Come con desesperación, con una ansiedad compulsiva, bebe vinos profusamente y no hay añejamiento ni cosecha que satisfaga sus deseos etílicos; siempre pide los mejores y los más caros, pero nada sacia a aquel trozo de vida deseoso de placeres. Compra collares, anillos, piedras preciosas, entre las que no faltan los diamantes, y dadivoso las reparte entre las mujeres que forman parte de su harén. Distribuye dinero a manos llenas, como si le lloviera del cielo. No hay mujer que lo rechace y se resista a sus halagos y seducciones. Cuando habla, antepone la chequera, ablandando así voluntades y doblando todas las resistencias interiores de hombres y mujeres que terminan domeñados ante sus encantos. Es irresistiblemente espléndido con sus amigos; tirano y sanguinario con sus enemigos. Rechaza las traiciones y rueda por la vida traicionando y siendo traicionado, recibiendo lo que da y esperando lo que no ha dado.

De la mano del poder político en turno, complicidad que le permite crear toda una infraestructura criminal, redes de socios y protectores, el cártel del Golfo marcha sin sobresaltos. No se conforma con Tamaulipas, su feudo más importante, y se extiende hacia el Pacífico, declarándole la abierta competencia por el territorio a Miguel Félix Gallardo, quien impone su dominio y, desde la cúpula empresarial donde se mueve, siente que nada lo perturba y que ninguna mano aviesa puede derrocarlo.

García Ábrego muestra sus más desmedidas ambiciones y quiere tenerlo todo, ser patrono del narcotráfico en México, como lo fue su tío, el viejo cacique que impuso su ley a sangre y fuego, quien supo enseñarle con su ejemplo cómo debía comportarse en el mundo criminal.

De joven, García Ábrego creyó estar destinado a la vida del campo. El futuro para él era muy opaco, demasiado nebuloso como para pensar en el éxito. El robusto muchacho sentía que su vida estaba destinada a terminar entre vacas y pastizales. Como es común en la mayoría de los narcotraficantes, su preparación académica era limitada porque su paso por los colegios fue fugaz, y sólo pudo terminar la secundaria. Entre sus contemporáneos, Juan García Ábrego aún es recordado por su mala fama de estudiante faltista. Sus padres pronto se convencieron de que no tenía futuro profesional y tuvieron que resignarse a que el muchacho abandonara la escuela cuando tenía 15 años para dedicarse a las labores del campo.

En esa etapa Juan dedicaba los días hábiles a sus tareas campiranas. Como es habitual en los pueblos, los fines de semana semejan días de fiesta y todo el mundo se alegra. Y Juan no es la excepción; echa mano de sus mejores camisas, dispone de los pantalones más vistosos y decide pasear por las calles de Matamoros en compañía de sus primos mafiosos, los hermanos Guerra, hijos de su tío Juan Nepomuceno Guerra Cárdenas.

El corpulento adolescente sabe que sus primos son conocidos como delincuentes, pero no se inmuta. Aquella aureola
de poder e impunidad le atrae y quiere estar cerca de ellos
porque observa que, pese a su mala reputación, ninguna
autoridad les frena el paso y hasta parecen intocables. García
Ábrego pronto se siente seducido por la imagen que proyec-
tan sus parientes. Invocada por la realidad, surge su intuición
criminal, afina su visión y se da cuenta de que a sus primos
no sólo les va bien en sus negocios ilícitos, sino que son res-
petados y temidos por propios y extraños.

Quizá sin proponérselo, el joven Juan compara la humilde
vida de sus padres con la fortuna e impunidad que disfrutan
sus familiares, quienes, ataviados siempre con ropa elegante
y finos relojes, pasean en coches de lujo por los alrededores.
El comportamiento pomposo de los primos desata la ambición de García Ábrego, quien proyectado por su hambre de
poder irrumpe en el mundo del contrabando cuando cumple
18 años. Con sus habilidades, aprovecha la porosidad de la
frontera con Estados Unidos y comienza a escribir su historia
en el ámbito criminal: primero como fayuquero y después
como traficante de drogas a gran escala.

Con las lecciones que su mentor Juan N. Guerra le
imparte en el restaurante Piedras Negras, García Ábrego
logra lubricar con dólares y afinadas mañas sus vínculos
con el poder. Alcanza triunfos en el negocio del tráfico de
drogas que facilitan igualmente sus relaciones comerciales
con los dueños del cártel de Cali, los hermanos Rodríguez
Orejuela, de Colombia, proveedores de su *narcoempresa*.
Hacia mediados de los setenta, cuando el mundo criminal

aún tiene pocos pobladores, García Ábrego empieza a ser conocido como un delincuente importante en México. Es una etapa boyante para el comercio de drogas, pues los territorios son bastos y fructíferos. Emergen en el Pacífico mexicano figuras como Rafael Caro Quintero; Pedro Avilés vive su etapa de bonanza; Ernesto Fonseca Carrillo, *Don Neto*, domina la pirámide del campo y del narcotráfico; Alberto Cecilia Falcón disputa rutas y territorios; Pablo Acosta impone su voluntad en Chihuahua, y García Ábrego, en el Golfo de México, anuncia su presencia en la palestra del crimen organizado con la venia de su tío Juan Nepomuceno Guerra.

Con los años, crece en el mundo mafioso. Su nombre es referido en la prensa, más tarde amplios informes policiacos de las agencias norteamericanas se ocupan de él hacia fines de la década de los setenta y principios de los ochenta. La agencia antidrogas de Estados Unidos (Drug Enforcement Administration, DEA) lo considera ya como un delincuente poderoso y así lo anuncia a los medios y a las agencias policiacas internacionales; incluso publicita su historia criminal en carteles:

Se busca. Carrera criminal continua. Juan García Ábrego, conocido líder de un grupo internacional de narcotraficantes, es responsable de la importación de gran cantidad de toneladas de cocaína colombiana a Estados Unidos desde México. Podría estar armado de fusiles automáticos y metralletas y debe considerársele peligroso.

Se pide a la sociedad que informe dónde está escondido García Ábrego. Su fama como hombre peligroso se afianza, y el eco de sus crímenes y venganzas proyecta una imagen temeraria al exterior. Por eso logra encender los focos rojos en Estados Unidos y todas las alarmas se activan apenas resuena la sospecha de que el capo está involucrado en algún crimen o en operaciones criminales dentro del territorio americano, adonde entra y sale cuando quiere o en el momento en que la necesidad se lo exige. García Ábrego es toda una pesadilla dentro y fuera de México. Las autoridades estadounidenses quieren ponerle fin a tan avezado delincuente y emprenden su búsqueda, exigen su captura, vivo o muerto. Tan desesperados están de frenar al tótem del narcotráfico, que incluso ofrecen una millonaria recompensa para quien aporte información sobre su paradero. Los cazarrecompensas afinan los sentidos, activan sus radares y comienzan a indagar sobre el paradero del personaje reclamado.

Dentro y fuera de su pléyade trasciende que el robusto capo está bien protegido, que la palanca que lo impulsa es maniobrada desde la Presidencia de la República, donde se despliega un mecanismo de protección que lo mueve y lo cuida. Desde esas alturas del poder, que ha alcanzado gracias a su paciencia y carisma, se le guía para que no tropiece en el negocio que beneficia a buena parte de la clase política en turno. De corta inteligencia, nadie da crédito al éxito criminal de este hombre de mirada apacible. Y es que sólo desde su posición García Ábrego puede no sólo evadir a la justicia cuantas veces se le antoje, sino también conseguir un arsenal de documentos falsos e identidades apócrifas para salir de

México sin sombra de peligro. Con el apoyo del poder, García Ábrego derrocha impunidad, le grita al mundo criminal y a sus enemigos que nadie es más poderoso que él, que sólo un hombre de su estatura puede disponer de la protección de altos jefes del Ejército, pagar millones de dólares en regalos y salarios para los policías que lo protegen en todos los sitios donde transita, y eliminar a sus enemigos sin que ninguna autoridad lo investigue. García Ábrego deslumbra con su fuerza y también con su saña, pues defiende su territorio a sangre y fuego porque sabe que es el más codiciado por los cárteles de Juárez y de Tijuana, cuyos jefes, Amado Carrillo y los hermanos Arellano Félix, son sus más acérrimos rivales en el jugoso negocio del trasiego de drogas.

Sólo un hombre como él puede sobrevivir en este mundo de farsa. Su entorno es tan agitado, que ni por el día ni por la noche dispone de horas de reposo. Duerme tres o cuatro horas, no puede más. Su cuerpo, tensionado por el ajetreo cotidiano no soporta la comodidad de la cama, y gira sobre ella sin descanso. Se sumerge en constantes crisis nerviosas. Ningún té relajante, ningún medicamento depresivo lo aquieta. Apenas intenta dormir, su cuerpo salta como una liebre. La presión arterial está constantemente fuera de la normalidad y ningún medicamento la regula. La obesidad y las tensiones amenazan con hacerle estallar el cerebro. Su respiración está en permanente agitación, como un río caudaloso a punto de desbordarse, como quien se siente perseguido y no puede descansar ni refugiarse en ningún sitio. Tan acelerado está su pulso cardiaco, que su corazón palpita arrítmicamente y amenaza con romper su pecho.

No hay refugio que le dé seguridad. Pasa unos cuantos días en una residencia, en un hotel o en el rancho de algún amigo, y tiene que cambiarse de lugar porque piensa que va a ser aprehendido o asesinado. Para sortear los peligros que enfrenta en su mundo de tránsfuga, García Ábrego se escuda en seudónimos que cambia como si fueran máscaras; lo mismo se hace llamar Juan Chapa Garza Jr., que Juan Garza Chapa, John Chapa, Juan José López, Juan López López o José Luis García Treviño.

Recurre a otros maquillajes, los sobrenombres, para cubrir su rostro criminal. Sus allegados suelen llamarlo *La Muñeca*, pero él también quiere que le digan *El Mayor* o *El Perro Grande*, por su enorme cuerpo y sus gruesos brazos de oso. Su esfera delictiva es tan amplia que acumula media docena de apodos. Cuando lo invade el sentimiento y quiere ser respetado, desea que le digan *El Señor*. De pronto lo asalta la necesidad de ser considerado profesionista, faceta que su vida ordinaria le impidió ser, y exige que le llamen *El Ingeniero*. No faltan los amigos cercanos y ex compañeros de escuela y de parrandas que se toman la libertad y la confianza de bromear llamándole *Pie Raudo* o *El Paciente*, este último apodo se debe a que ha logrado desarrollar un caparazón que soporta cualquier latigazo sin derribarlo.

Como la mayoría de los capos, García Ábrego también muestra su rostro supersticioso. Igual que Amado Carrillo, Miguel Félix Gallardo o *Los Zetas*, que años más tarde serán el brazo armando del cártel del Golfo, él cree también en la brujería y en chamanes que le adivinen la suerte y le protejan en su agitada ruta criminal. Esa inclinación hacia lo sobrenatural se ve aún más marcada cuando José, su hermano mayor, es asesinado el 17 de julio de 1982 y ordena a su grupo de sicarios que todas las muertes, para vengar a la de su hermano, sean ejecutadas los días 17 de cada mes, ni un día antes ni un día después. Quiere el sanguinario capo que esa fecha retumbe con las balas y las metralletas, que las familias de sus víctimas sufran, como él, ese día con dolor y llanto.

Y así ocurre. El 17 de julio de 1984 ordena la muerte de Casimiro Espinoza Campos, su rival; ese mismo día, pero de 1986, es ejecutado Ernesto Flores Torrijos, directivo del periódico *El Popular*. Sólo el 17 de mayo de 1991 falla en su intento de asesinar a Oliverio Chávez Araujo, *Zar de la Cocaína*, en el penal de Matamoros.

En el mundo de la mafia, García Ábrego alcanza alturas insospechadas, sólo comparables a las de Amado Carrillo Fuentes y Miguel Ángel Félix Gallardo, legendario jefe del cártel del Pacífico. En su empresa criminal, el cártel del Golfo, García Ábrego dispone de más de 300 personas que vigilan la buena marcha del negocio. En su momento más pujante —esa organización no volverá a tener una etapa de mayor esplendor— introduce unas 50 toneladas de cocaína al mes en el voraz mercado de Estados Unidos. Aquella máquina importadora de droga no se detiene, pero sí baja su acelerada marcha cuando grupos policiacos de la DEA empiezan a rastrear sus pasos en el territorio nacional.

El capo se entera que el gobierno de Estados Unidos quiere su cabeza, y comienza a tomar medidas para protegerse, aunque de antemano sabe que dispone de un cerco protector casi blindado, a prueba de investigaciones y persecuciones. Tal protección lo mantiene seguro por más agitadas que estén las aguas, por fuerte que sea la turbulencia que golpea su entorno.

Mientras Carlos Salinas de Gortari está firme en el poder presidencial, y su hermano Raúl mueve los engranajes de multimillonarios negocios, Juan García Ábrego no es perturbado en su cómoda nube rosa. Cree que el poder económico y político no se derrumbará, que no hay inteligencia humana que pueda destruir su imperio, que otro grupo político lo protegerá, cuando llegue al poder, y que él seguirá siendo amo y señor del narcotráfico mexicano. García Ábrego está en un momento de éxtasis, casi de locura, ante el poderío que lo rodea y lo embriaga. Pero todo tiene su fin, y el boyante narcotraficante cae en desgracia. Ha escalado muy alto en la pirámide mafiosa y por eso mismo su caída resulta estrepitosa, y su pena es aún más dolorosa, pues la persecución lo acorrala hasta emprender la búsqueda de un refugio.

De pronto los temores lo atenazan y empieza a ver enemigos por todas partes, hasta dentro de su séquito. Desconfía de los hombres que le rodean, vigila a sus socios porque sospecha que pueden entregarlo a la justicia. Juan García Ábrego ya no puede vivir tranquilo, como en los apacibles días que vivió en el campo, el intocable jefe del cártel del Golfo ve agonizar su largo periodo de éxito cuando los grilletes que lo sostienen del poder político empiezan a debilitarse, cuando su andamiaje protector cruje y se hunden los cimientos que lo mantienen de pie. Su organización criminal entra en crisis, decenas de operadores han sido detenidos, confiesan a la justicia las intimidades del capo y refieren los múltiples lugares donde se esconde.

Por más que busca apoyo, García Ábrego no puede evitar su declive y nada detiene su caída. Los diques de contención se debilitan, sus cómplices lo traicionan, como él mismo lo teme, y el poder político, su sostén, termina por darle la espalda, y no puede evitar sentirse traicionado. Todo lo que marchaba sobre ruedas en los días críticos toma otra dirección. La precipitada caída no se detiene y, al ver cómo su poder va mermando, otros capos de la droga lo acechan para matarlo. Quieren ocupar el territorio que por años ha explotado el llamado capo del Golfo. El fin de un sexenio, el de Carlos Salinas, marca su sino y, tan desesperado está en su refugio, tan perseguido se siente que en sus agitados días de fugitivo salta por su mente afiebrada la idea de entregarse a la justicia. Pero a su alrededor todo está en crisis. La suerte lo abandona, nadie lo escucha, ninguna petición llega a buen puerto y toda negociación fracasa en su oscura vida de prófugo.

La sombra de su ruina empieza a envolverlo a mediados de septiembre de 1993. Por esas fechas, un hombre que se identifica como Juan García Ábrego llama por teléfono, desde su escondite, a la Procuraduría General de la República (PGR). Del otro lado del auricular, un empleado de la dependencia escucha una voz que se queja porque su nombre aparece en carteles. Confiesa ser sólo un intermediario en el comercio de las drogas y asegura que uno de los grandes capos intocables es Juan Arévalo Gardoqui, secretario de la Defensa durante el sexenio de Miguel de la Madrid. En las oficinas de la PGR un secretario toma nota del mensaje y reporta el hecho sin mayores reacciones.

García Ábrego hace una segunda llamada, sin éxito. En un tercer intento, y enterado de que presuntamente es el capo quien telefonea, el subprocurador Mario Ruiz Massieu —quien poco después también se ve implicado por sus presuntos vínculos con el narcotráfico y, en pleno cumplimiento de un arraigo en Estados Unidos, es declarado muerto por una sobredosis de antidepresivos, con lo que pasa a formar parte de los misterios del régimen— decide tomar el teléfono. No se sabe qué trata con García Ábrego.

La PGR registra las llamadas, y en un parte informativo da cuenta de los telefonemas:

El sábado pasado 11 de septiembre, el Sistema de Denuncias Anónimas de la Procuraduría General de la República recibió la llamada de un sujeto que se presentó como Juan García Ábrego, quien manifestó su deseo de entregarse a las autoridades federales de México, ya que no confía en las autoridades locales, por lo cual pidió seguridad de que sus garantías individuales serán respetadas.

Por otra parte, señaló que por ser él uno de los principales capos de Tamaulipas, al caer, puede afectar los intereses de mucha gente, lo cual le hace pensar que su vida correrá peligro. Por lo anterior, pidió que una persona de alto nivel dialogue con él, en un terreno neutral, para establecer las condiciones de la entrega, y conseguir un acuerdo que lo beneficie.

En el transcurso de la conversación, reclamó el que fueran colocados para su búsqueda carteles con su nombre y retrato, argumentando que sólo a los intermediarios como él son a los que se persigue, dejando sin castigo a los "meros grandes", refiriéndose específicamente a Juan [Arévalo Gardoqui].

El supuesto García Ábrego declaró que, si bien ha cometido delitos, no son tantos como los que se le imputan. También señaló que, a raíz de su persecución, ha tenido que dar grandes cantidades de dinero para no ser entregado a las autoridades.

El supuesto García Ábrego quedó en comunicarse posteriormente, a fin de dar tiempo a que las autoridades de la Procuraduría tengan una respuesta a su petición. El 13 de septiembre, quien dijo ser García Ábrego volvió a tomar el teléfono y marcó el número de la PGR para conocer la respuesta a sus proposiciones.

Se le manifestó que en la PGR están en la mejor disposición de atender su solicitud y se le pidió que definiera el lugar y la persona con quien quería la cita. Después de mostrarse indeciso, y por momentos titubeante, solicitó que el diálogo se efectuara entre él, un agente de la DEA, y un Ministerio Público, en el hotel Gran Premier de Reynosa, Tamaulipas.

Es evidente que García Ábrego está desesperado y sus decisiones apresuradas lo hacen tropezar. Les informa a las autoridades que está hospedado en el lujoso hotel Gran Premier y aporta un número equivocado. Tiene que volver a llamar y corrige. "Estoy en el hotel que les dije, en la habitación 24, registrado con un nombre falso, pero el número es el 901-728-12-45", precisa con la voz entrecortada, según escribe el operador que toma la llamada.

El capo está nervioso. Él, que nunca ha tenido miedo de matar, que ha logrado mirar a la muerte de frente, confiesa ahora a sus perseguidores, las autoridades federales, que teme por su vida si se entrega. La PGR ordena un análisis de su voz, los agentes tienen dudas sobre la identidad de García Ábrego. Intuyen que el timbre no corresponde a su personalidad, tampoco su edad, menos aún su estatura; sospechan que alguien está hablando por él, pero le dan crédito al contenido de la desesperada petición.

Dudan que un narcotraficante de tan altos vuelos esté hospedado en un lugar tan vulnerable, que revele el número de la habitación donde está instalado y hasta el número telefónico en el que se le puede localizar. Saltan más dudas: que tal circunstancia no puede ser real, pues por otras vías las autoridades confirman que la familia del capo no se ha visto amenazada, ni en su persona, ni en sus bienes, lo que permite que pueda desplazarse sin sobresaltos por México y Estados Unidos. Concluyen que el escenario crítico por el que, según García Ábrego, atraviesa, no tiene lógica, que su entrega voluntaria no es real. El plan fracasa en medio de sospechas.

Con el apoyo de sus relaciones, que hacia 1995 todavía son amplias, García Ábrego sobrevive un año en la cima del cártel del Golfo, pero debe andar a salto de mata, huyendo entre una ciudad y otra. Se cuida hasta de su sombra, teme ser traicionado. El cártel ya no tiene la capacidad de antes para mover cuantiosos cargamentos de droga hacia Estados Unidos, ha dejado de pagar a sus proveedores, quienes ya muestran signos de molestia, muchos embarques son detenidos por la justicia porque ya no disponen de la protección que antaño lo hizo poderoso ante sus socios colombianos, quienes al verlo en picada resuelven alejarse de él. Atrás quedan los abrazos, los brindis y las felicitaciones por los exitosos negocios concretados. García Ábrego pasa de ser uno de los capos más seguros a ser visto como de los menos confiables.

En Colombia nadie quiere arriesgar, si él está al frente, cualquier operación de drogas se cancela. En el país sudamericano los operadores de los grandes consorcios de la cocaína a menudo se llevan la mano a la quijada y se frotan las sienes cuando escuchan su nombre. El capo está muy vigilado y puede ser peligroso para los empresarios del abastecimiento. Un error de cálculo, un milímetro de confianza o un segundo de titubeo y puede quedar al descubierto toda la red criminal tejida desde México hasta Sudamérica. Frente a tantos signos inquietantes, es el momento de ignorarlo. "Ya no le tenemos confianza", dicen en Barranquilla los varones del narcotráfico. El ruido de alerta llega a Medellín y frena la polea del negocio en Cali, donde se multiplican las órdenes de no hacer tratos con el capo caído en desgracia. Acosado por su persecución, decide abandonar la ciudad de Matamoros, su centro de operaciones. Entre diciembre de 1994 y el mismo mes de 1995 busca reposo y se instala en Monterrey, donde vive refugiado en una finca de su propiedad. Allí pasa la Navidad de 1995 y ve finalizar el año en medio de agitaciones y tempestades. Su entorno es una arena movediza que se lo puede tragar en cualquier momento. El narcotraficante más iluminado con los reflectores del poder, ahora camina a tientas y vive frecuentemente acechado por el riesgo de tropezar en la sinuosa ruta del negocio de las drogas.

El reflector de la impunidad queda desconectado. El año de 1996 no pinta nada bien para los planes del capo. Percibe los malos presagios desde que brinda por el año nuevo entre familiares y algunos amigos. Los buenos deseos se traducen en tortuosos momentos. En esas horas finales de 1995 es observado nervioso, distante y apagado como quien siente cerca la muerte. Una trabazón de sucesos escalonados golpean hasta abrir fisuras en las paredes de su *narcoimperio* y no evita que sus días de gloria empiecen a formar parte del recuerdo.

Hacia finales de 1995 el país vive aún momentos de agitación por los crímenes impunes de Luis Donaldo Colosio y José Francisco Ruiz Massieu. La crisis financiera sigue causando remolinos en empresas y hogares. Miles de obreros son despedidos de sus trabajos y escasean los empleos. México enfrenta la ruina económica y su clase política se hunde en la incredulidad. Se incrementan los secuestros, abundan los suicidios de personas angustiadas por el aumento de sus deudas y la violencia del narcotráfico se asienta en el norte del país, donde el estruendo de las balas se escucha a todas horas. Un año y 28 días antes de la caída de García Ábrego, el clan Salinas se vería sacudido: Raúl, el mayor de los hermanos, es encarcelado bajo la acusación de haber planeado el asesinato de José Francisco Ruiz Massieu, su ex cuñado. Se le acusa de ser el autor intelectual, aunque no hay móvil del suceso, y entre enredos y confusiones salta un nombre: Manuel Muñoz Rocha, el fantasma de esta tragedia, quien a partir de ese momento desaparece. Este personaje, eslabón para conocer la verdad sobre el crimen de Ruiz Massieu, se esfuma en medio de la neblina de confusiones que envuelven el caso. Se le buscó por varios países, a través de un sigiloso grupo de investigadores y mediante su código genético, huella imborrable. Se asegura que después fue visto en San Antonio, Texas, acompañado por el misterioso abogado Enrique Fuentes León, de truculenta historia. El gobierno de Ernesto Zedillo recibe el informe, pero el caso es sepultado en el silencio. Raúl Salinas puede respirar, pero no evadir la prisión ni el desprestigio.

Este golpe, el derrumbe de Raúl Salinas, tambalea aún más a García Ábrego. Ahora tiene varios frentes abiertos y su entorno es más turbulento al darse cuenta, por los informes que le entregan policías amigos suyos, que otros capos hambrientos de poder, como Amado Carrillo Fuentes, *El Señor de los Cielos*, así como los hermanos Ramón y Benjamín Arellano Félix, jefes del cártel de Tijuana, como viejos animales carroñeros, anticipan su caída, "olfatean" la muerte de su enemigo y, ello los mantiene al acecho de Matamoros, Reynosa y Nuevo Laredo, las codiciadas plazas que aún domina él.

Antes de finalizar el gobierno de Carlos Salinas, la DEA aceleró la búsqueda del capo por todo el mundo. El gobierno de Estados Unidos giró la nota diplomática 1599 y el 22 de noviembre de 1993 pidió a las autoridades del mundo su captura. Con este documento se formalizó la solicitud de extradición de García Ábrego "por delitos federales en materia de narcóticos". Antes de ser aprehendido, el capo ya carga con una sentencia de 30 años de prisión.

El argumento que soporta la solicitud, además de que se le acusa de introducir drogas en Estados Unidos, es que García

Ábrego no es mexicano, según los registros de las autoridades del vecino país. Disponen de datos contundentes e irrefutables que proporcionan un retrato nítido del narcotraficante. Hasta de las señas más particulares da cuenta el documento.

Fecha de nacimiento: 13 de septiembre de 1944.

Lugar: La Paloma, Texas.

Estatura: un metro 85 centímetros.

Complexión: mediana.

Pelo: café.

Ojos: café.

Raza: blanca.

Nacionalidad: americana (de origen hispano).

Trabajos: granjero y líder de drogas.

Ocupaciones: frecuentemente viaja a Costa Rica, a la ciudad de México y a Monterrey.

Con esta petición de extradición se emprende la búsqueda de García Ábrego, se activan los radares en todos los rincones del planeta. Los archivos comienzan a ser hurgados en busca de datos, fotografías, huellas dactilares, firmas, informes, reportes y denuncias. Se enlistan sus nombres y sus múltiples alias, todas las máscaras utilizadas para delinquir y evadir a la justicia. La dea necesita un informante y lo encuentra en la persona de Carlos Reséndez Bertolucci, operador financiero de García Ábrego. Este hombre aporta la información para localizar al capo del Golfo y para ello es incorporado al programa de testigos protegidos, le cambian la identidad y sirve a la justicia estadounidense confesando todos los secretos del cártel y de su jefe. Con todo ese arsenal informativo en sus manos, dentro y fuera de México el plan para capturar a García Ábrego es manejado políticamente con maestría: sirve como escudo para encubrir los duros cuestionamientos que enfrenta el régimen salinista, que no tiene más remedio que emprender su búsqueda, por las presuntas vinculaciones del capo con Raúl Salinas.

Es en 1993, año trágico, cuando el entonces procurador Jorge Carpizo orquesta el plan para detener a García Ábrego, que vive refugiado en Nuevo León. El controvertido procurador crea un equipo especial para ir en su búsqueda. En apariencia, esa determinación enciende los focos rojos en toda la estructura del poder político, donde García Ábrego tiene sus amarres. Por todas partes, el perseguido narcotraficante tiene ojos y oídos que observan y escuchan en su ausencia. Conforme se extingue el sexenio de Salinas, García Ábrego va en caída libre, pero tan alta está la cúspide en la que se ha parado que son pocos los que piensan que pueda ser detenido; otra es la realidad. Aunque encumbrado, el capo siente que el oxígeno oficial se extingue y que comienza su agonía. Carlos Salinas está envuelto entre nubarrones de dudas y tiene que sacudirse las sospechas. Sin reparos ante la opinión pública, ordena su captura y un ataque frontal a su organización. Pero el *establishment* político, viejo en el arte del engaño, opera con simulaciones: al mismo tiempo que se le persigue, otros resortes enganchados al poder se mueven en sentido contrario.

El grupo de investigadores que va en pos de García Ábrego, conformado por medio centenar de hombres, lo encabeza

Eduardo Valle, *El Búho*, quien no es agente avezado sino un periodista conocido por sus antecedentes de activista social, famoso por su militancia en el extinto Partido Mexicano de los Trabajadores y por su participación en el movimiento estudiantil de 1968 que concluyó con la matanza de estudiantes en la plaza de las Tres Culturas de Tlatelolco.

Como periodista, Eduardo Valle quizá disponía de información y creyó que la decisión del gobierno de Carlos Salinas de aprehender al capo mayor de México iba en serio; acaso pensó que para capturarlo bastaba con formar un sólido grupo policiaco y lanzarse en su búsqueda.

Armado de recursos, información y, se supone, de apoyo logístico, Valle se aboca a seguir los pasos del capo; falla en su intento. Cuando cree tenerlo, cuando siente que su presa está a escasos metros solicita el apoyo del Ejército, fuerza indispensable para tal fin, pero algo falla. Y cuando todo parece estar listo para la captura de García Ábrego, éste desaparece. El narcotraficante siempre lleva la delantera. Valle lo intenta una y otra vez sin lograr su cometido, al final termina por reconocer su fracaso. García Ábrego se muestra más habilidoso que su perseguidor.

Años después, Valle reconocerá que el capo del cártel del Golfo siempre fue alertado desde el poder para evadir los cercos que se le tendieron; después se comprobó que todo el aparato creado para su aprehensión, formaba parte de la gran farsa del gobierno de Carlos Salinas. García Ábrego dispuso siempre de un cerco de protección poderoso: hombres armados, vehículos blindados y un sistema de comunicación dotado con tecnología de punta constituían una impenetrable muralla; además, recibía del mismo poder político información oportuna que le permitía escapar sin complicaciones.

Eduardo Valle no se equivoca cuando acepta su fracaso. Así lo admite en una carta enviada a Carlos Salinas y al procurador general de la República, Diego Valadés Ríos, el 1° de mayo de 1994. En ella lanza una pregunta punzante: ¿No se habrá convertido México en una *narcodemocracia*? También alude al poder imparable del que gozan los jefes del cártel de Tijuana, los hermanos Arellano Félix, así como el poderoso Amado Carrillo Fuentes, *El Señor de los Cielos*, cuyo liderazgo al frente del cártel de Juárez se afianzó precisamente después de la caída de García Ábrego. La carta de Valle es punzante, levanta el telón que cubre los engranajes del poder y desnuda el juego perverso del gobierno frente al narco.

Distinguido amigo:

Durante 16 meses serví a mi país en la Procuraduría General de la República. Hoy renuncio a esta institución de manera irrevocable. Salgo como entré; no tengo en que caerme muerto, aunque gané en conocimiento y experiencia. Nadie puede decir que lastimé intereses sin fundamento real. Así, puedo mirar a todos de frente y sin vergüenza alguna.

Reconozco no tener ahora la capacidad para aprehender al jefe público del cártel del Golfo. Hice, en verdad, todo lo que pude con los medios a mi alcance. Fracasé y lo admito con pena.

Luego de lo conocido en este lapso, pregunto: ¿Cuándo tendremos la valentía y la madurez política de decirle al pueblo mexicano que padecemos una especie de *narcodemocracia*? ¿Tendremos la capacidad intelectual y la fortaleza ética de afirmar que Amado Carrillo, los Arellano Félix y Juan García Ábrego, son, en forma inconcebible y degradante, impulsores y hasta pilares de nuestro crecimiento económico y desarrollo social? ¿Que nadie puede perfilar un proyecto político en el que no estén incluidas las cabezas del narcotráfico y sus financieros porque, si lo hace, se muere? Quizá pronto se llegue a esa conclusión en relación con los hechos del 23 de marzo en Tijuana; aunque, advierto, no poseo más información sobre esa infamia que la conocida por todos.

Pregunto respetuosamente: ¿No es hora de elaborar una política contra el narcotráfico, aunque sea la más primaria y elemental? ¿No ofende a los sentimientos y a la inteligencia de la nación el carecer de esta política general y de largo plazo contra el narcotráfico y el crimen organizado, Estado dentro del Estado?

Agradezco a usted, doctor Jorge Carpizo, y al presidente de la República la confianza depositada en quien esto escribe. Pueden tener la absoluta seguridad de que no se abusó de ella. Seguiré trabajando en otros ámbitos.

Ruego a usted designe a la persona a la que debo entregar mi oficina.

Reciba la seguridad de mi más atenta y distinguida consideración.

Eduardo Valle Espinoza
Asesor personal del procurador

Seis meses después de enviada la misiva, otra realidad sacude al país con un trágico baño de sangre. Los capos se disputan todo el territorio y desafían al poder político, al mismo tiempo que se benefician con parte de su estructura, sobre todo con las policías, a las que no sólo infiltran sino que incorporan a su servicio. Termina el gobierno salinista arrastrando su crisis, sus crímenes, su riqueza, su poder, su desgracia, su desprestigio y su impunidad. Este sexenio, como muchos otros, no pudo evadir el poder del molino triturador de la historia, que aún no termina de juzgarlo. El destino de García Ábrego ahora se decide en una mesa de negociaciones en Estados Unidos.

Antes de elegirlo como "presa", los estadounidenses barajan varios nombres: los hermanos Rodríguez Orejuela, Amado Carrillo Fuentes... Pero sus agentes arguyen que tanto unos como otros no son aún tan poderosos como el capo del cártel del Golfo. Para el gobierno de Ernesto Zedillo, su captura significa un golpe con doble efecto: lanzar una señal de rompimiento con su antecesor, y al mismo tiempo atribuirse un triunfo frente al intocable García Ábrego, lo que representa una presea de oro en un momento en que la urgencia de aceptación social raya en la avidez debido a la desconfianza pública que carga su gobierno por los asesinatos políticos de Luis Donaldo Colosio y José Francisco Ruiz Massieu y los prolongados sufrimientos sociales —sobre todo de la clase obrera y campesina— derivados de los colapsos financieros que cimbraron al país en diciembre de 1994.

Reunidos secretamente en Washington, altos funcionarios de la PGR, encabezados por el panista Antonio Lozano

Gracia, acuerdan con sus contrapartes de la DEA dar un golpe espectacular. Las autoridades mexicanas desean afanosamente la certificación del país en la lucha antidrogas; a las de Estados Unidos les urge un campanazo internacional para apuntalar la reelección del presidente William Clinton, por momentos tambaleante.

5

La caída de García Ábrego

Tomada la decisión de aprehender al capo más poderoso, las
estrategias se comienzan a afinar dentro y fuera de México.
A partir de ese momento García Ábrego ya no tiene salva-
ción. La decisión está tomada. Por fin llega el 14 enero de
1996. Aquel domingo parecía un día ordinario, apacible,
incluso aburrido, en el poblado de Villa de Juárez, pequeña y
pintoresca demarcación a la que sólo separan 25 kilómetros de
la ciudad de Monterrey, la capital del estado de Nuevo León.
El reloj está próximo a marcar las seis de la mañana. El
pueblo parece aún dormido. Quizá el frío prolonga el sueño de los pobladores en medio de un amanecer que tarda
en romper. En completo sigilo se aproximan a la localidad
unos 15 elementos del entonces Instituto Nacional para el
Combate a las Drogas (INCD) de la PGR. Están armados con
poderosas metralletas. Es un grupo policiaco de élite que,
respondiendo a un plan preconcebido y bien organizado,
empiezan a ocupar sus posiciones.
Las decenas de ojos de los agentes observan con dete-
nimiento una residencia ubicada en la calle Bosques de
Acutzingo 190, esquina con Bosques de San Mateo, en el

lujoso fraccionamiento Bosques de la Silla, cerca del kilómetro 11 de la carretera a San Mateo. La casa bordea los límites del municipio de Santiago. Es el refugio de García Ábrego.

La estrategia es simple, en apariencia: se trata de permanecer ocultos y al acecho hasta que García Ábrego aparezca. La espera puede ser cuestión de algunos minutos, pero puede durar horas. La tensión aumenta. Los agentes disponen de un dato clave: que el capo está dentro de su propiedad, pero no se arriesgan a irrumpir violentamente en el interior de su casa. Saben que García Ábrego tiene a su servicio un amplio cerco protector, conformado por gente armada dispuesta a batirse a tiros con cualquiera. Y ellos no quieren que su presa escape.

La hora decisiva llega por fin. El reloj marca las ocho de la noche cuando una camioneta *pick up* con las luces encendidas se asoma por Bosques de Acutzingo. El vehículo avanza unos 70 metros y se detiene. Del asiento del chofer desciende una figura corpulenta —un metro con 80 centímetros y 100 kilos de peso— que viste pantalón oscuro, camisa casual y una chamarra con rayas de colores. Es Juan García Ábrego. Los agentes no tienen duda. Al verlo caminar, se lanzan contra aquella masa de grasa y músculo. Instintivo, pese a su volumen, García Ábrego salta hábilmente una barda e intenta hacerlo con otra pero los policías lo someten. Agitado y nervioso, los increpa. Sus captores se identifican como agentes federales y le dicen que tienen una orden de aprehensión en su contra; le explican que tienen instrucciones de sus superiores de trasladarlo a la ciudad de México.

Apenas oye esta frase, el capo estalla, despotrica contra sus captores, los amenaza: "No saben con quién se están metiendo", les dice, casi rugiendo. Pasado el exabrupto vuelve a relajarse. Confía aún en que en la PGR, donde narcotraficantes como él mantienen viejas complicidades con autoridades, activen algún resorte que le ayude a recuperar su libertad. No sabe todavía que su buena estrella ha caído. Todos le han vuelto la espalda.

René Paz Horta, entonces titular del INCD, intenta colgarse una medalla con la captura del jefe del cártel del Golfo, pero el gozo le dura poco. Las indagatorias y algunos señalamientos hechos dentro y fuera de México acaban por vincularlo con ese grupo criminal y con el propio García Ábrego, al que está ligado.

Paz Horta no es un improvisado en las tareas policiacas ni en el arte de negociar y pactar con capos del narco. Es hechura de Adrián Carrera Fuentes, quien fue director de la Procuraduría Judicial Federal (PJF) durante el sexenio de Carlos Salinas de Gortari. Carrera se relacionó con Amado Carrillo Fuentes, incluso fue enjuiciado por lavado de dinero y otros delitos graves, que logró sortear al acogerse al programa de testigos protegidos. Se convirtió en delator, lo que le valió una reducción de sus condenas. Pronto quedó libre.

Tanto él como Paz Horta estuvieron ligados con la organización de García Ábrego, a la que brindaron protección. A ese grupo policiaco, cuya fama se vio empañada por los escándalos de corrupción, pertenecieron también Víctor Patiño Esquivel y Enrique Arenal, quienes a la mitad del sexenio de Carlos Salinas estuvieron bajo las órdenes de Mario Ruiz Massieu, otro oscuro personaje relacionado con el narco, quien terminara por suicidarse el 15 de septiembre de 1999, la víspera de su traslado de New Jersey a Houston, Texas, donde enfrentaría un juicio por lavado dinero. Decidió cortar su vida mediante una sobredosis de antidepresivos, según la versión oficial. Pero nadie vio su cuerpo, lo que provocó una estela de dudas sobre su extraña y repentina muerte. Antes de ingerir los barbitúricos, el ex subprocurador general de la República y hermano de José Francisco, tomó una pluma con manos temblorosas y escribió titubeante unas líneas: "Ernesto Zedillo no perdonó que denunciara a los dirigentes del PRI el 23 de noviembre de 1994. Se vengó por eso. Para encontrar a los homicidas de mi hermano hay que iniciar una investigación que empiece por Zedillo. Él y yo supimos que no era ajeno a los dos crímenes políticos de 1994".

Un día después de su captura, García Ábrego aborda un avión de la PGR, un Grumman, matrícula XC-AA70, que lo conduce a la ciudad de México. Va esposado. Los dos corpulentos agentes que lo acompañan lo sujetan por los brazos y lo introducen en la aeronave; pasado el umbral de la puerta lo avientan a uno de los asientos delanteros. La nave despega casi de inmediato. Así inicia su viaje sin retorno el otrora poderoso narcotraficante. En ese vuelo lo acompañan Jesús Ortega Riquet, subdirector de la PGR, el comandante Horacio Brunt Acosta, de la DEA, y tres agentes más de esta agencia.

Tras unas horas de vuelo el Grumman aterriza en el Aeropuerto Internacional de la ciudad de México. El nutrido grupo de agentes federales rodea la aeronave y custodia al capo, quien desciende con lentitud la escalinata de la aeronave, arrastra sus pesadas piernas y se dirige hacia una camioneta Suburban blindada que lo espera en el hangar de la PGR para llevarlo a las instalaciones del Instituto Nacional para el Combate a las Drogas. Atrás los sigue una caravana de vehículos, alertas por si se presenta alguna contingencia. Está solo. Ninguna voz se alza para defenderlo; ningún resorte oculto se activa; nadie en las altas esferas del poder intercede por él. Saben que es inútil, que cualquier intento por ayudarlo será castigado.

El presidente Ernesto Zedillo, en cuyo gobierno brilló con esplendor el cártel de Juárez, había tomado la decisión de romper con la hegemonía del capo y calmar a Carlos Salinas, quien aún inmerso en el desprestigio seguía perturbando al país.

Mientras García Ábrego viaja a la ciudad de México, el procurador Antonio Lozano Gracia recibe los pormenores del operativo y cuando el capo arriba a la capital del país telefonea a la residencia oficial de Los Pinos para dar los detalles al presidente Zedillo. Cumplido el trámite, el mandatario felicita a su colaborador panista por esa captura. La fama le duraría poco a Lozano Gracia pues poco después metió a la PGR en un lodazal por su falta de pericia para manejar las investigaciones de los crímenes del cardenal Juan Jesús Posadas Ocampo, Luis Donaldo Colosio y José Francisco Ruiz Massieu, caso en el que la dependencia contrató los servicios de la bruja Francisca Zetina, *La Paca*, en su afán de implicar a Raúl Salinas y para conocer el paradero de Manuel Muñoz Rocha, presunto autor intelectual de ese asesinato; la estratagema resultó fallida.

Tras la captura de García Ábrego, el gobierno de Zedillo enfrentó aún varios enredos. Al principio decidió recluir al capo en la prisión federal de alta seguridad de Almoloya de Juárez. Comenzó a dudar y cambió de idea. Si el detenido declara en México es posible que embarre a muchos políticos enquistados en el poder; también le atenaza la idea de que alguno de los socios del capo intente rescatarlo. Finalmente reacciona y decide extraditarlo a Estados Unidos para que lo juzguen allá.

No sabe todavía que esa decisión será cuestionada, pero quiere cubrir las formas. Consulta entonces a las altas esferas militares y encuentra una solución. Elementos de la Secretaría de la Defensa Nacional (Sedena) le recomiendan aplicar el artículo 33 de la Constitución mexicana que faculta al Ejecutivo Federal para expulsar a cualquier extranjero cuya permanencia juzgue inconveniente para el país, sin necesidad de juicio previo ni solicitud de extradición.

El plan está listo, sólo falta justificar ante la opinión pública la celeridad de la deportación —García Ábrego adujo poco después que fue desterrado por el presidente Zedillo sin bases legales— y decide exhibir una copia del acta de nacimiento del jefe del cártel del Golfo en la que éste se acreditaba como ciudadano estadounidense. El documento, en efecto, sustentaba que García Ábrego nació en Estados Unidos, pero un sello con la leyenda CANCELADO, escrito en mayúsculas, parece contradecirlo. Hábilmente un consejero presidencial aduce que la nacionalidad estadounidense no se pierde por tener otra, como sucede con García Ábrego. Y entonces sí, el capo sale deportado. El gobierno difunde ampliamente el asunto, sin embargo toma la precaución de no decir que el gobierno del vecino país había cancelado la ciudadanía a García Ábrego porque su trámite se había realizado con documentos falsos, entre éstos la fe de bautismo.

Años después, en uno de los argumentos planteados en su defensa, García Ábrego explicó la razón de aquella doble nacionalidad que le sirvió de instrumento criminal y que al mismo tiempo lo sepultó en una prisión perpetua:

> Erróneamente mis padres en el año de 1965 (20 años después de mi nacimiento), tramitaron en los Estados Unidos, en el Condado de Cameron, Texas, un certificado de nacimiento... ya que existía un conflicto de información debido a que habían comprobado que yo había nacido en México, y tenían mi acta de nacimiento del año 1945, fecha en que fui registrado.

Trece años después de su "destierro", como él lo llama, García Ábrego, capo de capos, parece no darse por vencido e insiste en regresar a México. Desde la cárcel de Florence, Colorado, donde purga 11 cadenas perpetuas, impulsa un recurso de amparo con un argumento contundente: "Mi caso fue un destierro, y un espectacular golpe político, pues nunca fui oído ni vencido en juicio". Hasta ahora, esa gestión del otrora poderoso capo se ha topado con un vacío. Para las autoridades mexicanas, su detención y deportación (o destierro) nunca existieron; no sólo eso, la movilización policiaca y militar efectuada aquel 14 de enero de 1996 en Nuevo León, tampoco se llevó a cabo; no hay constancias oficiales ni legales de que alguna autoridad superior del gobierno mexicano haya ordenado ese operativo. Las imágenes difundidas por la televisión y las notas publicadas por la prensa escrita, en las que se observa al más poderoso narcotraficante del sexenio salinista cuando aborda a empellones y con las manos esposadas el avión Grumman que lo trasladó a Estados Unidos son legalmente inválidas y, por lo tanto, insustanciales en un juicio. Nadie sabe nada de aquella aprehensión y los archivos criminales de las instituciones responsables de combatir el narcotráfico son ejemplo de la desmemoria, pues extrañamente no tienen registrado ningún dato de aquel caso que adquirió dimensiones de escándalo internacional.

En suma, oficialmente Juan García Ábrego nunca fue detenido en México ni deportado a Estados Unidos. Dicho evento, uno de los más espectaculares que han ocurrido en el país, parece ser producto de la imaginación colectiva o de un invento, perfectamente maquinado, de la prensa mexicana. Oficialmente ninguna escena del suceso está grabada en la memoria criminal del gobierno. Nada saben de este caso dependencias como la PGR —que ordenó a varios agentes seguir los pasos del capo—, ni la Secretaría de Relaciones Exteriores (SRE), responsable de los trámites, legales o no, para enviar al narcotraficante a Estados Unidos.

Ese olvido envuelve también a la Secretaría de Gobernación —dependencia responsable del espionaje en México y en ese tiempo a cargo de Emilio Chuayffet Chemor— y, peor aún, a la Presidencia de la República y la Secretaría de la Defensa Nacional —de donde salieron órdenes específicas para capturar a Juan García Ábrego—, pues mediante sendos informes rechazan tener conocimiento y alegan carecer de información sobre aquel sigiloso operativo que acabó con la esplendorosa vida criminal del llamado capo del Golfo.

La defensa legal de García Ábrego, comandada por el abogado Américo Delgado de la Peña —un veterano que ha enfrentado mil batallas en los tribunales—, no ha sido fácil. Él mismo lo acepta, cuando habla de sus peripecias para obtener todo tipo de información sobre la aprehensión de su cliente. Cuando se le pregunta sobre este litigio que le ha devorado ya varios años frunce el ceño antes de responder. Después suelta una frase contundente, como si le quemara: "El camino es muy largo". Y le pesa admitirlo. Él, que ha ganado juicios de extradición de capos importantes como los hermanos Amezcua Contreras, siente que son varios los enigmas que no logra resolver, por más que hurga en su mente y en los documentos que obtiene. Atribulado por los martilleantes cuestionamientos que se agolpan en su infatigable cerebro se repite una y otra vez: ¿Quién ordenó la captura de Juan García Ábrego? ¿Con base en qué investigaciones fue detenido y bajo qué argumentos legales se deportó al detenido? ¿Por qué se le desterró en lugar de enjuiciarlo en México? Pero las respuestas no llegan. Se enfrenta con frecuencia al silencio, al bloqueo de las autoridades; algunas veces, dice, se siente acorralado, perdido, a pesar de que sabe moverse por esos laberintos del poder y por los submundos legales. Pero no se rinde, su fe inquebrantable lo hace seguir, confía en la justicia de Dios, una fuerza superior que, insiste, le guía y le abre los senderos.

Ha metido escritos y múltiples solicitudes en diversas dependencias. No hay respuesta, sólo argucias. Pero Delgado de la Peña insiste. Confía en su instinto, en su experiencia acumulada de medio siglo en estas lides, busca con paciencia una llave maestra que le permita abrir puertas y sacar a su cliente de esa prisión perpetua que quebranta su salud. El tiempo lo apremia, pero no desespera. El 20 de diciembre de 2004, el bufete jurídico contratado por García Ábrego envió un escrito a la subprocuraduría Jurídica y de Asuntos Internacionales de la PGR. El asunto: solicita información sobre la "detención y destierro de Juan García Ábrego, así como las razones que motivaron tales acciones en enero de 1996".

La PGR tardó cinco meses en responder, confirma el abogado. El 20 de mayo de 2005 recibió un documento que decía:

> Por instrucciones del procurador general de la República, hago referencia a su escrito mediante el cual solicita le sea expedida copia certificada de todo lo actuado por [el] motivo que usted denomina [el] destierro [de Juan García Ábrego]... y al respecto esta institución federal [le informa que] carece de facultades para efectuar el destierro de persona alguna, adicionalmente y tras efectuar una exhaustiva revisión en los archivos de diversas unidades administrativas, se determina que esta Procuraduría General de la República no integró expediente alguno relativo al procedimiento por el cual se le hizo abandonar este país, al cual se refiere en la solicitud que se contesta, mismo que, de acuerdo con su información, se ejecutó en el mes de enero de 1996... Por lo que no es posible atender su petición en razón de que no existen los documentos [a los] que se refiere en su solicitud...

Un año antes de esa gestión ante la PGR el mismo despacho de abogados había solicitado una información similar a la Secretaría de Relaciones Exteriores, facultada para tomar las decisiones en materia de extradiciones y deportaciones. El 20 de mayo de 2005, el mismo día que respondió la PGR, Sandra E. Hernández Ortiz, directora general de Asistencia Jurídica Internacional, contestó a los abogados del capo: "Al respecto... les informo que en esta secretaría no se cuenta con expediente alguno relacionado con el destierro del que fue objeto en su escrito de referencia".

El tiempo transcurre sin novedades. Los asistentes legales de García Ábrego tienen que acorazarse para no desfallecer de impotencia y continuar con las acometidas legales que parecen laberintos interminables, desesperantes y sin salida. Pese a la adversidad, sacan las fuerzas para continuar navegando a contracorriente. En medio de la fatigosa tarea, otro oficio llega a sus manos después de meses de espera. El documento tiene el número S-20900 y proviene de la Sedena. Esta vez el signatario es el general brigadier Jesús Gabriel López Benítez, primer agente adscrito a la Procuraduría Militar. Su argumento es negativo para los abogados, y esta vez se encienden los focos rojos, las alarmas de la desesperación:

En atención a sus escritos del 5 de noviembre de 2004 y 28 de abril de 2005, por los cuales solicita se le expida toda la documentación relativa a su deportación, extradición, expulsión o destierro del 15 de enero de 1996, al respecto se le informa a usted que, habiéndose realizado una minuciosa búsqueda en los archivos de esta dependencia del Ejecutivo Federal, no se localizaron antecedentes relacionados con la deportación, extradición, expulsión o destierro [al] que se refiere…

Los abogados juegan su carta final: la Presidencia de la República. No quieren toquetear la puerta presidencial con solicitudes de información. Saben que desde la más alta cúspide del poder político se urdió el ardid para capturar a su cliente, pero temen una respuesta negativa. Se agota su paciencia y deciden agotar el último recurso, mediante otro escrito, para saber quién ordenó el destierro de García Ábrego.

Américo Delgado y sus auxiliares esperan lo peor. Y el presagio se cumple. El 26 de junio de 2005, a través de la secretaría particular, la Presidencia de la República responde:

> Señor Juan García Ábrego:
>
> Nos permitimos hacer de su conocimiento que, tras efectuar una búsqueda exhaustiva en los archivos de concentración y trámite correspondiente a la presente administración, la Secretaría Particular de la Presidencia no encontró ninguna información relacionada con el asunto planteado en su petición… Con el propósito de servirle en la medida de nuestras atribuciones… hemos procedido a turnar su petición a la Procuraduría General de la República…

Desarmado legalmente, puesto que ningún juez hizo válidas las pruebas exhibidas por los defensores, que incluyen notas periodísticas y videos del momento en que García Ábrego fue capturado, la espera debe extenderse. Américo Delgado, gestor de este amparo a favor del capo del Golfo, no da crédito a la desmemoria oficial. Lo peor, dice, es que oficialmente tampoco existen datos ni registros del avión —el Grumman de la PGR— que fue utilizado para trasladar a su cliente a Estados Unidos. "Nadie conoce el tipo de aeronave —dice sorprendido—, a pesar de que la televisión grabó las imágenes que todo México vio: en ellas se observa el momento en que García Ábrego aborda el avión; va escoltado y esposado, enfundado en una chamarra verde militar."

Hoy, el otrora máximo jefe del cártel del Golfo purga varias cadenas perpetuas de las que sólo la muerte podrá librarlo. Su repatriación a México quedó en un vano intento legal. Y el capo lo sabe: está condenado a morir entre las frías paredes de su reclusión en una prisión estadounidense.

Desde la partida de García Ábrego, en enero de 1996, el camino queda libre para Osiel Cárdenas Guillén, quien ya lleva tiempo moviéndose en los espinosos caminos de la venta de drogas. Tamaulipas entra en ebullición y comienzan las matanzas y las disputas por esa plaza. Varios son los aspirantes a suceder a García Ábrego; todos ellos hambrientos de poder, como su propio hermano, Humberto García Ábrego, quien intenta canalizar a su favor el vacío de poder para hacer pingües negocios con la droga. Todos fracasan; todos se muestran incapaces de poner orden en la agitada empresa criminal; les falta inteligencia para domeñar los espacios territoriales del Golfo de México.

Osiel Cárdenas aún está lejos de trepar a la cabeza del cártel, pero avanza en esa dirección por caminos accidentados y pedregosos. Una serie de sucesos sobrevienen y sacuden al joven Osiel, quien sortea el poderoso huracán de la adversidad, de su propia ceguera interior, y se apresta, quizá sin saberlo, a erigirse como próspero "gramero" y, más tarde, como el narcotraficante más influyente de una región de Tamaulipas: Miguel Alemán, un territorio a la postre lleno de terror, que le sirve de refugio para maquinar lo que más tarde llamará orgullosamente "mi empresa".

La altura que Osiel pretende alcanzar en el poder criminal aún es muy alta y continuamente resbala porque no tiene la habilidad para escalar en esas accidentadas cumbres. No ha subido ni un peldaño cuando una sacudida lo azota sorpresivamente y de nuevo se vuelve a conturbar. El camino le resulta demasiado sinuoso. El pináculo que busca, quizá sin saberlo cabalmente, está tan distante, que la nubosa lejanía le impide disiparlo. Acaso intuye que otros competidores le llevan ventaja en esa desaforada carrera delincuencial que cada uno ha emprendido por veredas diferentes. Aún le falta recibir muchos golpes y caídas para llegar al primer nivel de la codiciada escalinata, pero el rebelde Osiel sigue adelante. Atisba, mira hacia todas partes, a veces extraviado, pues desconoce a dónde conducen los fuertes vientos que soplan en su entorno. Y en medio de este torbellino de confusiones, Osiel muestra determinación, que será su más preciado instrumento para abrirle sitio a su porvenir en el convulsionado mundo de la mafia.

6

El nacimiento de un narcotraficante

Su taller mecánico representaba para Osiel todo el mundo; ahí vivía envuelto en sus tareas rutinarias que a la postre se transformaron en una pesadilla. En ese pequeño espacio ubicado en las calles 14 y Morelos, en Matamoros, el joven Osiel pone en práctica los conocimientos de mecánica adquiridos en otros empleos. Intenta dirigir su brújula hacia una independencia laboral, no lo logra. La ansiada prosperidad se le niega, pero él continúa con denuedo en pos de esa quimera. Un mensaje escondido en lo más recóndito de su inconsciente brota de repente y le reafirma sus ímpetus: su sino no consiste en reparar motores y arreglar cajas automáticas. Está hecho para empresas de mayor envergadura. Por eso se subleva a menudo frente a su oficio, no se siente a gusto con lo que hace, sueña en lo que puede hacer. Eso lo sumerge en la fantasía, que más tarde lo sorprenderá con su rostro realista.

Por el momento el joven de carácter indómito no tiene más alternativas, debe resignarse a llenarse las manos de grasa para sobrevivir. Y se aplica al trabajo. Entre talacha y talacha encuentra la distracción en el cotilleo; se mantiene al tanto de lo que hacen sus amigos y enemigos, atento siempre al chismerío callejero que zumba y rezumba alrededor de su taller. Por momentos cree gozar de libertad, pero ésta es efímera. Su rebeldía le impide dejarse llevar por los vientos, soltar sus fuerzas y entregarse a las órdenes del destino. No puede permitirse eso. Osiel es demasiado inseguro para arrojarse al abismo y quedar a merced de las bondades de la naturaleza, por eso se aferra a una sola idea: persistir en su afán de prosperidad que por el momento se le niega.

En su cuchitril, Osiel va construyendo su propia tragedia. Lo hace sin darse cuenta. Traba relaciones con policías federales, protectores y cómplices, y se perfecciona en las artes más bajunas del crimen. Para ganar dinero o al menos cobijo policiaco y no ser detenido por la venta de drogas, se convierte en soplón de otra red mafiosa: la policía. Esa relación la lubrica con droga y con delaciones de pequeños distribuidores de cocaína que le estorban en su ruta.

Los trabajos en el taller mecánico empiezan a pasar a segundo o tercer plano; las herramientas quedan arrumbadas. En aquel espacio cubierto de lona se divisan, a distancia, las piezas regadas de automóviles desarmados. De manera paulatina, imperceptible, el negocio pasa a ser una fachada que encubre la venta de drogas, el negocio que fascina al propietario del predio y en el que comienza a despuntar, en buena medida gracias a la protección policiaca de la que dispone y por las enseñanzas de su hermano Mario, un hábil traficante, quien le enseña el arte de cortar la coca.

Osiel apenas contiene su voracidad, y deja en el pasado a aquel alumno que solía ser, reprendido con asiduidad por sus maestros de primaria y secundaria debido a su actitud distraída. Ahora Osiel, atento siempre a las explicaciones del hermano mayor, absorbe como esponja los conocimientos básicos para preparar la droga y dejarla al punto para los enfermos consumidores.

Así aprende a separar la calidad del polvo blanco. Ahora tiene un corto pero sólido camino andado, incluso cuenta ya con una gama de clientes potenciales, están los pudientes y los de capacidad financiera mediana. Se trata de dos mundos atados por un mismo mal: son adictos pertenecientes a dos clases sociales que, además de padecer la misma enfermedad, son compradores a los que Osiel puede abastecer de varios gramos de cocaína al día.

Si el taller mecánico no atrapó su gusto y placer por el trabajo, sí se muestra entusiasmado por todo lo que huele a ilegal y a prohibición. Con el amor por el detalle, como suelen ser los relojeros, cuida la pureza y calidad de su producto llegando al extremo de convertirse él mismo en el catador de su mercancía. Esas pruebas consisten en inhalar polvo blanco y sentir su efecto en el cerebro: si acelera violentamente el pulso cardiaco, si el rostro se descompone con un raro enrojecimiento o si brota sudoración excesiva, es señal de que el polvo no tiene la calidad deseada y eso lo altera. No admite que eso suceda puesto que él busca la excelencia, la pureza casi alquímica.

Acucioso como es, Osiel va ganando clientes y, sobre todo, dinero, que es lo que más le fascina. Pero ahí están agazapadas esas rémoras existenciales que comienzan a golpearle con virulencia, que insisten en encadenarlo a un sino trágico. Silenciosamente, como una humedad que se enquista en una

93

casa sin que sus propietarios se den cuenta, Osiel termina por volverse adicto a la cocaína. La inhala en fiestas y cuando está en la cama con una mujer. La droga muestra su poder y activa las debilidades de Osiel, que irrumpen en tropel a la superficie. Incluso en los frecuentes momentos de soledad, la cocaína se convierte en su fiel compañera de habitación, en una amante inseparable que le provoca placer y angustia. Osiel está enganchado como un pez cuando muerde el anzuelo.

A partir de entonces esa imperiosa necesidad de inhalar esa coca quintaesenciada ya no abandonará a Osiel. Su cuerpo y su mente están contaminados. Sufre dependencia física y mental. Son escasos los días en que deja de consumir el nocivo polvo, y se dedica a hacer actividades que se le ocurren, siempre hiperactivo. Con frecuencia la cocaína y el alcohol serán para él refugio seguro o puerta de escape frente a las decepciones amorosas, traiciones, o cuando la soledad lo conduce a ensimismarse. La realidad —que desde la infancia se le impone como si fuera una pesadilla— es demasiado dura para este novicio del narcotráfico. Por eso siente la necesidad de anestesiarse, de adormecer a sus propios demonios.

El mundo del narcotráfico, aun en su pequeña escala, no deja de tener su propia turbulencia, y como una vorágine devora toda la vida de Osiel. La prosperidad y el dinero obtenido de la droga pronto le hacen olvidar su adolescencia, la edad en que se siembran los sueños de grandeza. Cuando cumple 21 años, los recuerdos de experiencias perturbadoras van quedando ocultos en los recovecos de su mente. Muy atrás queda la época en que fue mesero en el restaurante El Mexicano. Sus emociones son encontradas, las etapas de su desarrollo se tornan confusas. Su paso fragoroso como obrero de una maquiladora es lo único que se registra con nitidez en su dislocado cerebro. Más de una razón lo explica: en esa etapa fue víctima de la explotación, que soportó con estoicismo pero le dejó huellas indelebles de frustración. Fue también en la maquiladora donde conoció a Celia Salinas, una compañera de trabajo de la que se enamoró y con quien mantuvo un prolongado noviazgo que terminó en matrimonio. Con ella procreó a Celia Marlén Cárdenas Salinas.

Tan pronto sabe que será papá, Osiel abandona la casa de su hermana Lilia. Con la responsabilidad de mantener a una esposa y una hija en camino sólo le queda refugiarse en el taller mecánico. Vive allí largos meses. Paciente, aguarda la oportunidad de cruzar un cargamento de droga hacia Estados Unidos que le deje el dinero suficiente para empezar a construir los cimientos de algo más grande.

Mientras esa oportunidad no salta a su encuentro, Osiel sortea las necesidades del día reparando algunos vehículos. Se deja ver de manera eventual mientras hace trabajos de mecánica, aunque de manera callada continúa afinando los engranajes de la distribución de droga. De pronto irrumpe esa voz interior, reprimida y sorda, que lo conmina a mirar a su alrededor, y lo que percibe no le gusta: no le agrada lo que hace ni está conforme con los escasos bienes que posee.

Y esa insatisfacción le lleva a descubrir que ya no quiere mancharse más las manos de grasa ni de aceite y opta por dedicarse de tiempo completo a la venta de droga, una actividad más práctica, aunque también más peligrosa. Osiel no ignora que la competencia en ese agitado mercado ilegal es dura y que los rivales se eliminan a balazos, por pequeños que éstos sean. Por todas las colonias de Matamoros surgen bandas dedicadas a ese negocio, se reproducen como plagas y no están dispuestas a ceder un palmo de terreno al competidor.

Pero Osiel no da un paso atrás en su decisión. Está resuelto a jugarse la vida con el fin de alcanzar la cúspide. Obtiene algo de dinero, suficiente para sentirse seguro, y como una muestra de su arrojo se quita el overol de mecánico y en su nuevo guardarropa parece encontrar su reino. Piensa en darle un giro a su vida y comienza a cambiar su atuendo. Cambia su ropa sucia y raída por indumentaria casual, de las mejores marcas, aunque mantiene una actitud frugal. También se muda a un departamento modesto, pero más amplio, donde sus sueños empiezan a encontrarse con la realidad.

Modifica su personalidad y él así lo comprueba al mirarse al espejo. Aun con ese drástico cambio de indumentaria, que para Osiel es abismal, el muchacho no deja de ser un distribuidor de drogas ansioso de poder y dinero, que siente que sólo así puede apuntalar su endeble seguridad. El farandulero Osiel empieza a sentirse importante a partir de lo que hace. Y para ello busca ansiosamente máscaras, pues no se ha encontrado a sí mismo, algo que nunca logrará mientras persista en su afán por parecer en lugar de ser.

En el arranque de su carrera como narcotraficante no obtiene grandes fortunas, pero el dinero se atraviesa en su camino con mayor frecuencia. Comienza a gastar a manos llenas, y lo hace sin pensarlo dos veces. En Tamaulipas construye redes humanas para emplearlas en el "tráfico hormiga" de drogas. Por ahora estos grupos, casi invisibles, ni se hacen presentes en el amplio horizonte criminal de Juan García Ábrego, entonces jefe del cártel del Golfo. Osiel no se relaciona con el poderoso capo, aunque conoce y traba amistad con José de la Rosa, llamado *El Amable*, lugarteniente de García Ábrego por varios años.

Hasta 1995 Osiel es un grano de arena dentro del mundo mafioso de García Ábrego. Por eso puede evadir con facilidad el pago del llamado "derecho de piso" a los dueños de la plaza en la que opera. Le basta con la relación que mantiene con los policías —sus amigos y cómplices—, a quienes les suministra información sobre rivales suyos afinando su dedo índice que señala los obstáculos en el camino. Esta tarea no le consume demasiado tiempo ni le exige mayores esfuerzos, pues ya se ha estrenado como "madrina" (soplón) de la Policía Judicial Federal —su escuela del crimen— y junto a ellos se siente protegido.

Una de sus más duras experiencias la enfrenta cuando se da cuenta de que la protección policiaca que él cree tener es ficticia. Es aún narcomenudista, rango inferior en la elevada escalinata del crimen organizado. La policía sirve al mejor postor y, por ahora, Osiel está lejos de serlo. Aquella protección que lo hacía sentirse impune no era tan segura, como él mismo comprobará tiempo después. Osiel entiende, o así lo parece, que no hay policías confiables; se da cuenta de la fragilidad de su protección debido a que sólo durante un breve periodo pudo evadir a las autoridades que ya tienen en su poder amplias referencias de sus andanzas. Aquella seguridad fantástica en la que vive Osiel se rompe el 16 de febrero de 1989. Ese día es capturado por un grupo de agentes camino a su taller. Es el primer golpe que recibe. Tiene sólo 21 años de edad. Intenta sobornar a la policía con dinero; promete droga a los agentes, les insiste en que él puede darles información sobre el *modus operandi* de los mafiosos. Todo es en vano. Así, Osiel enfrenta su primer juicio por homicidio, abuso de autoridad y daños en propiedad ajena. La acusación se integra en Matamoros, donde se cometieron los delitos que se le imputan; ciudad en la que están enterradas las raíces de su origen. Entonces es fichado con la causa penal 350/900.

Quizá por ser primerizo ante la justicia o bien porque su buena estrella comienza a refulgir, Osiel permanece en prisión menos de 24 horas. Su red protectora comienza a funcionar. Mediante el pago de una fianza, y una cantidad adicional acordada en secreto con las autoridades, recobra su libertad, aunque no por mucho tiempo. Once meses después la historia se repite y otra sacudida le acomete el 7 de marzo de 1990. El joven distribuidor de drogas vuelve a pisar la prisión, esta vez también fugazmente. Es acusado de lesiones y amenazas. Más tardaron las autoridades en integrar las acusaciones que él en abandonar la cárcel, y así vuelve a mostrarse hábil en el arte de las añagazas legales.

Como ocurre con todo lo que le rodea —amigos, dinero, mujeres, vino, placeres—, Osiel abusa de su buena suerte estirando la cuerda de su vida al máximo. Tiene ya 25 años cuando, el 27 de agosto de 1992, las circunstancias tejen una trampa a su alrededor y él mismo contribuye a fincar su propia desgracia.

El esperado cargamento de cocaína que tanto anhela y busca para introducir en Estados Unidos se lo brinda un amigo traficante. Osiel se frota las manos por el pingüe negocio que tiene en puerta. Siente que por fin puede obtener una suma cuantiosa de dinero y mandar para siempre al diablo el taller y su actividad de "gramero". Ésta es la oportunidad de su vida, al menos así lo cree. Con el pago que reciba piensa comenzar una nueva vida.

Sin concretar aún la operación, se imagina ya un futuro de príncipe, ataviado con trajes finos, perfumado con fragancias exquisitas, y rodeado de amigos y mujeres bellas, una de sus debilidades. Todo ello hace que Osiel muestre una actitud extravagante y angulosa. La burbuja fantástica, sin embargo, terminará por romperse.

Y, en efecto, una nueva vida sale a su encuentro, pero no precisamente como él la pensaba. Cuando ya tiene todo preparado para el cruce de la droga, pide a sus cómplices, los policías, que lo protejan. Así lo hacen, incluso lo acompañan hasta la garita de Matamoros. En reciprocidad, Osiel promete entregarles parte del botín tan pronto cumpla con su difícil misión. Sin embargo, está nervioso. Debe entregar en las manos de unos narcos estadounidenses dos kilos de cocaína. La cita es en una tienda de Brownsville, Texas, donde ya lo esperan, inquietos. Tras cruzar la frontera, todo dependerá de su suerte, que en esta ocasión no le acompaña. Osiel se siente abrumado por la responsabilidad que lleva a cuestas y, en medio de las tensiones, aflora su veleidad y todos sus cálculos fallan. El negocio fracasa. Momentos antes de llegar al sitio acordado es aprehendido por varios agentes fornidos. Lo acusan de delitos contra la salud, según el proceso B-92-00214-01. El osado veinteañero es internado en el instituto correccional de Greatplants.

Las circunstancias no le son favorables y termina atrapado en la red que él mismo tejió. Una vez más la vida impide a Osiel vivir el principado con el que sueña desde hace varios años. Por el momento tiene que resignarse a vivir en una cárcel donde el tiempo se encargará de domeñar a este espíritu tozudo y rebelde. Pasan los meses y la prisión empieza a asfixiarlo. Desesperado, sin poder hacer nada para cambiar su situación, vive 12 meses de pesadilla, sin paz interior, sin sosiego. El delito cometido es grave y la justicia estadounidense se muestra inflexible. Aquí no hay forma de corromperla, de doblarla con "cañonazos" de dólares. El juez que lo juzga finalmente dicta su veredicto: cinco años de prisión. El dictamen le cae como una pesada losa y Osiel se doblega. Piensa en sus padres, en su esposa y en el ser que más quiere: su hija Celia Marlén. Ahora vive de recuerdos porque no puede oírlos ni verlos.

Durante sus ratos de soledad, mata las horas pensando a quién recurrir para pedir ayuda. Los recuerdos y las imágenes de amigos y familiares pasan en tropel. En la cinta de los tiempos idos no faltan su tío y padre adoptivo, Enrique Cárdenas, ni tampoco Manuela Guillén, su madre. Pasan por su memoria los encuentros con sus hermanos mayores Rafael, Mario, Lilia, Ezequiel y Homero Cárdenas Guillén.

Apenas transcurre un año de prisión, Osiel se va adaptando a su nueva vida de reo, y de lo más recóndito de su mente surge la convicción de que algo debe hacer. Y entonces trata de establecer buenas migas con sus custodios. Tan pronto siente la confianza necesaria, les pide que le faciliten papel y lápiz para escribir algunas cartas y enviarlas a Matamoros. Desea saber cómo están sus familiares. La petición es aceptada y le entregan un legajo de hojas y lápices. En los momentos en que su soledad es más aplastante, aligera la carga escribiéndoles cartas a su esposa y a su hija. En ellas les pregunta con insistencia cómo están, les pide que le respondan pues con ello busca apaciguar su agitado interior. Al mismo tiempo, garabatea peticiones recurrentes: solicita a las autoridades estadounidenses que cuando haya oportunidad de ser trasladado a México se le tome en cuenta, les argumenta que se siente solo, que está lejos de su familia, que la necesita, que ella es como un alimento que le da esperanza para seguir viviendo.

Cada vez que entrega sus demandas a las autoridades, Osiel lo hace con tanta vehemencia que finalmente es escuchado. Su humildad, pasajera e interesada, obtiene una recompensa en ese aciago momento. No recobra su libertad, porque el delito cometido es considerado grave, pero es incluido en una lista de reos que serán intercambiados por presidiarios estadounidenses que purgan sus condenas en prisiones mexicanas.

Un acuerdo entre los gobiernos de México y Estados Unidos prácticamente lanza a la calle a Osiel Cárdenas. Al conocer la noticia, el presidiario Osiel no da crédito a lo que escucha. Regresar a México significa volver a ser libre. Y así ocurre. El 2 de enero de 1994 es trasladado a Matamoros e ingresa en el penal de Santa Adelaida. Tan pronto cruza el umbral de la cárcel, salen a su encuentro rostros conocidos. Entre palmoteos, risas y voces estridentes, brotan complicidades que lo unen con algunos de los internos, con sus pares.

Osiel se olvida pronto de la tristeza que lo embargó en la cárcel de Estados Unidos, y se erige como el líder de un nuevo grupo de narcomenudistas que empiezan a operar al amparo de la impunidad carcelaria. Como jefe de una nueva banda, ejerce fuerte dominio en la cárcel, se hace amigo del director del penal, conoce a su primera amante, y traba amistad con Rolando Gómez Garza, quien llega a ser uno de sus más entrañables amigos.

Su amistad con Rolando termina en tragedia por un triángulo amoroso. Osiel se enamora de Hilda Flores González, conocida en el cártel del Golfo como *La Güera*. Cuando Rolando se entera que su esposa tiene amoríos con Osiel, monta en cólera y golpea a la mujer. Entre gritos y sollozos, ella se queja con Osiel y le dice que Rolando se ha enterado de su relación clandestina. Osiel ordena que ejecuten a su amigo. Pero quiere verlo muerto y le pide a sus sicarios que le envíen la fotografía del cadáver por fax. Cuando la imagen está saliendo impresa por el aparato de comunicación, Osiel está cómodamente sentado en un sofá de su casa de Tomatlán, Jalisco, residencia que a menudo utiliza como refugio. Le entregan la foto. La observa fijamente y le dice a *Paquito*, su mozo: "Ahora sí, *Paquito*, *La Güera* es sólo mía". Y tras pronunciar estas palabras en voz alta, sus delgados labios se estiran en una sonrisa perversa que no puede contener. Así, Osiel Cárdenas logra mantener el amor de una de las mujeres que más cerca estuvo de él antes y durante su etapa como jefe del cártel del Golfo.

En la prisión, Osiel regresa a sus andanzas, como atraído por un poderoso imán. Rodeado de amigos y cómplices, se siente en libertad. Organiza fiestas con prostitutas y corrompe a todos los custodios, a quienes pone a su servicio. Protegido por las autoridades penitenciarias, convierte el reclusorio en un gran centro distribuidor de drogas. Su principal operador para introducir cocaína y mariguana es Mario, su segundo hermano mayor, quien lleva varios años conectado con el negocio.

A pesar de su reclusión, Osiel se aproxima a su sueño y vive como un príncipe, pues dispone de atenciones, mujeres, droga, dinero y protección oficial. En aquella hacinada cárcel ejerce el poder que deseó tener. Dentro de ese mundo carcelario, donde son frecuentes las riñas, las pugnas de poder, las traiciones y las venganzas, Osiel conoce a otra mujer con la que se relaciona sentimentalmente. Su nombre: Liliana Dávila. Ella ingresó en la prisión acusada de un fraude que cometió cuando fungía como jefa de las cajeras de un banco. El romance dura largo tiempo. Comienza en la prisión y se prolonga hasta que Osiel, con la ayuda de un abogado de apellido Gamboa, recobra su libertad pagando una fianza. El futuro capo vuelve a transitar por las calles de Matamoros el 12 de abril de 1995, un año y cuatro meses después de haber sido trasladado desde Estados Unidos. Mediante un cúmulo de artificios legales, Gamboa —quien es funcionario del penal y a la sazón funge como defensor de Osiel— realiza maniobras para liberar a su cliente y amigo. Meses después, hace lo mismo con Liliana, y el romance entre ella y Osiel continúa largo tiempo, hasta que él conoce a otra bella mujer y se ve forzado a sustituir a la anterior. De quien ya no puede desprenderse es de Hilda Flores, *La Güera*, con quien se engancha en una relación codependiente y enfermiza. Tanto sufre Osiel por esta mujer que cuando se ausenta varios días por diferencias y discusiones, se deprime mucho y rompe en llanto como un niño cuando lo abandona su madre.

En plena libertad, Osiel ya no puede retomar una vida equilibrada. No desea corregir sus fallas ni poner orden en su entorno para incorporarse a la sociedad como hombre de bien. Ya no puede. El narco es su asidero, por eso el llamado a la delincuencia organizada es más fuerte que su resistencia y decide refugiarse por un tiempo en Miguel Alemán, un pequeño pueblo cercano al río Bravo, donde es acogido por viejos conocidos suyos, todos ellos agentes y comandantes de la PJF. Comienza a trabajar para ellos como "madrina".

La familia —su esposa Celia Salinas y su hija Marlén— permanece en Matamoros, haciendo una vida normal: la niña va a la escuela y la madre se desenvuelve en un ambiente social de clase media manteniendo un bajo perfil.

Osiel pasa algunas horas del día en su taller, pero su negocio ya no presta prácticamente ningún servicio al público, pues en realidad está convertido en una rentable "tiendita" donde los adictos pueden comprar cocaína. Osiel no descansa y dedica la mayor parte del tiempo a detener personas que pretenden cruzar cargamentos de droga hacia Estados Unidos y, sin proponérselo como proyecto, poco a poco va limpiando la plaza de la que más tarde será jefe.

Durante un par de años al menos, Osiel obtiene ganancias millonarias en Miguel Alemán, una vía rápida y segura, que se convierte en una franja socorrida por los cárteles. En esa demarcación, donde todo huele a droga y a delito, a venganza y a crueldad, Osiel se recrea arrebatando cuantiosos cargamentos de cocaína que luego revende entre narcotraficantes y amigos suyos.

Así salta Osiel a la fama. Con la velocidad de un rayo empieza a destacar por su eficacia como "madrina" y policía. Como consecuencia de sus certeros golpes, en poco tiempo gana amigos y enemigos. Estos últimos se multiplican y planean, sin éxito, asesinarlo. Osiel se entera y por esa razón no puede vivir en un lugar fijo. Renta una casa temporalmente y tan pronto como puede la abandona y se hospeda en hoteles de paso. No puede dormir porque sus nervios lo atenazan. En cada sitio que habita, aunque sea por una sola noche, siente la fría presencia de la muerte. Corre con suerte en medio de un territorio peligroso donde no hay autoridades que procuren justicia, pues en el poblado fronterizo sólo impera la ley de las armas.

Aquel sórdido mundo policiaco en el que se sumerge le abre las puertas para relacionarse con el jefe mayor de Miguel Alemán: Gilberto García Mena, *El June*. Poderoso y bien relacionado con servidores públicos, el capo ya es dueño de una infraestructura envidiable: dispone de personal a su servicio y medios de transporte, lo que refleja, ante los ojos de Osiel, el fuerte dominio que ejerce en una de las plazas más codiciadas por distintos personajes del narco, quienes no pueden pisar el territorio sin permiso del dueño.

Varios capos habían intentado antes invadir ese territorio. Amado Carrillo, *El Señor de los Cielos*, se frotó las manos en varias ocasiones por tener esa plaza bajo su control; los hermanos Arellano Félix, entonces jefes del moderno y violento cártel de Tijuana, también quisieron penetrarlo; no pudieron. El cártel del Pacífico se quedó en el intento, pues no superó la crisis luego de la caída de Miguel Ángel Félix Gallardo. Héctor Palma Salazar, *El Güero*, prefirió realizar sus cruces por Sonora y Mexicali, y le dio la espalda al Golfo de México.

El June fue un sobreviviente del equipo de Juan García Ábrego. Desde Miguel Alemán, donde imponía respeto, dominaba el tráfico de mariguana a gran escala. En la población se le respetaba, tenía aceptación social y ayudaba a la gente pobre. Por esa razón, cuando José Luis Santiago Vasconcelos, entonces titular de la UEDO, ordenaba operativos en esa comunidad tamaulipeca, la gente guardaba silencio cuando se le preguntaba por el personaje buscado. "No nos daban ni agua", decía Santiago Vasconcelos, muerto en un sospechoso "avionazo" el 4 de noviembre de 2008. Los policías cateaban las casas donde, según testigos, se escondía *El June*; colocaban retenes para aprehenderlo, pero no lo podían detener. El habilidoso narcotraficante pasaba largas semanas en un espacio secreto diseñado especialmente para resguardarse, tenía las provisiones necesarias para sobrevivir y hasta disponía de una línea telefónica cuyo cable oculto cruzaba por varios aposentos.

Los golpes asestados por Osiel llamaron la atención de García Mena y quiso conocerlo. Cuando estuvieron frente a frente se cayeron bien. Se saludaron con un fuerte apretón de manos y así surgió la camaradería. *El June* invita a Osiel a trabajar para él y éste acepta, sin rodeos. Ambos se necesitaban; Osiel limpió la plaza de enemigos, arrebató cuantiosos cargamentos de cocaína y se los entregó a su amigo y jefe, quien sabía gratificar esos favores. Parte del dinero que recibía, Osiel lo repartía entre sus amigos, los agentes federales y municipales, su séquito protector.

La relación entre Osiel Cárdenas Guillén y Gilberto García Mena se hizo más estrecha con el paso del tiempo. Osiel, quien parece pisar en terreno resbaladizo frente a la presencia de una mujer, se enamora de Aidé García García, sobrina de *El June*, y a la que en el pueblo llaman *La Cuata*, pues tiene una hermana gemela. García Mena no se molesta por esa relación; al contrario, se convierte en el principal impulsor de Osiel Cárdenas, e incluso le concede independencia para operar y traficar con drogas.

En la policía, fiel guardián del narco, los hilos están bien amarrados. Osiel tiene vínculos con todos los comandantes y, además, traba una relación sentimental con una secretaria que le informa sobre los movimientos realizados en la oficina central. Todos los días coteja la información que le aportan los altos mandos de la Policía Judicial con su novia y espía, quien al mismo tiempo actúa como los ojos y oídos de Osiel dentro de la corporación.

A fines de 1996 y principios de 1997, a punto de cumplir los 30 años de edad, Osiel abandona el poblado de Miguel Alemán. Emprende su propio negocio como narcotraficante y quiere volar alto. Organiza un grupo con el respaldo de algunos policías de Matamoros. Su red de contactos se amplía y Chiapas, principalmente en la frontera con Guatemala, se convierte en la zona más importante de abastecimiento. Ahí compra la droga y la lleva a Tamaulipas para cruzarla hacia Estados Unidos.

Pero Osiel Cárdenas, quien muestra arrojo, aún no puede dominar el territorio. La plaza, asiento del cártel del Golfo, todavía está en disputa. Un año antes fue derrumbado García Ábrego y no hay autoridad ni capo que imponga las nuevas reglas del juego. Lo natural en este momento crucial para la organización es que Humberto García Ábrego, hermano del capo, tome el control, como lo hará en 1997 Vicente Carrillo Fuentes tras la muerte "oficial" de Amado Carrillo, *El Señor de los Cielos*. Pero Humberto está preso por lavado de dinero y delincuencia organizada. En 1994 es detenido en Monterrey, y recobra la libertad el 22 de septiembre de 1995. Sin embargo ese día, cuando se dispone a regresar a su casa, un grupo de policías lo vuelve a aprehender y lo remite al Reclusorio Norte de la ciudad de México.

Los ex socios de García Ábrego, José Pérez de la Rosa, Adán Medrano, Sergio *Checo* Gómez, entre otros, alcanzan el liderazgo y, aunque intentan apropiarse del territorio, fracasan, pues caen prisioneros.

Ya estando preso en Estados Unidos, a través de sus contactos, Juan García Ábrego envía una señal: que Óscar Malherbe de León, uno de los cerebros del cártel, se ocupe del negocio. Malherbe fracasa en su intento. Ni siquiera tiene tiempo de saborear las mieles del poder: es detenido en el Distrito Federal en febrero de 1997. Los delitos: lavado de dinero. Estando en prisión se entera de la captura y deportación de su hermano Juan.

Sin jefe ni control, el cártel del Golfo es un caos. Nadie pone orden en la plaza considerada como "la joya de la corona" del narco. Los aspirantes a ocupar el mando no pueden unirse. Todos desconfían de todos. Temen a las traiciones y a morir ejecutados. Desde el Pacífico mexicano Juan José Esparragoza Moreno, *El Azul*, un emblemático capo con dotes de conciliador, irrumpe en Tamaulipas, pero tampoco él puede sentar sus reales. Acosados por la justicia, son perseguidos por el general Jesús Gutiérrez Rebollo, un militar condecorado en Estados Unidos que termina al servicio de Amado Carrillo y su banda, arrincona a los hermanos Arellano Félix y les impide expandir su dominio hacia otros sitios.

Los seguidores de García Ábrego, así como sus familiares, renuncian al intento de pelear por el control de la plaza y del negocio. El golpe asestado al tótem del narco cimbra todavía los cimientos de la organización. Las matanzas se multiplican, como en una guerra sin cuartel. Por largos meses, el negocio lo usufructuaron transportistas. Una figura emerge entre las sombras generadas por el caos: Baldomero Medina Garza, *El Señor de los Tráileres*, quien aprovecha el vacío de poder para introducir droga hacia Estados Unidos a gran escala. Utiliza para el trasiego cientos de tractocamiones de su propiedad.

Mientras Medina Garza y otros "oportunistas" sólo eran aves de paso en el negocio de las drogas, Osiel Cárdenas teje su amplia red de complicidades para dar el salto al escenario nacional. Cuando sus fuerzas aún no son sólidas ni tiene afianzado el poder, establece una relación cercana con un personaje habilidoso y sanguinario: Salvador Gómez Herrera, *El Chava*, de quien incluso se hace compadre.

Acaso Osiel intuye que sólo juntos pueden poner a rodar la nueva empresa criminal. Si cada uno toma su ruta, no habrá futuro. Así que Osiel Cárdenas y Salvador Gómez se alían, hasta que una traición pone fin a la vida del famoso *Chava* Gómez, cuyo cuerpo termina carcomido por animales carroñeros.

7

La traición

En el crimen organizado la lealtad no existe como conducta, ni siquiera como palabra. El vocabulario criminal no la registra, los varones de la droga incluso la desconocen. Y si alguna vez hubo atisbos de su existencia, las traiciones y matanzas que dinamitaron con certeros golpes sociedades, alianzas y pactos, la borraron para siempre de la memoria de los capos. En su estrepitosa carrera por tenerlo todo, en su voracidad por acumular riqueza, todos ellos terminan obnubilados por el dinero, el boato y el poder.

Otras son las normas que rigen el mundo mafioso. Es frecuente que los narcos actúen como personas leales a sus jefes. Pero esa actitud es sólo un camuflaje. Actuar con lealtad u honestidad no significa ser lo uno ni lo otro. La historia, con su juicio implacable, demuestra que en la mafia sólo imperan los intereses atados por el dinero y las complicidades. No hay valores, aunque la mafia tenga sus reglas. La premisa que los mueve en ese agitado e inhumano entorno es la frialdad: "Primero yo, y nadie existe a mi alrededor". Maestros del engaño, no confían en nadie, ni en su sombra, y transitan por la vida engañando y siendo engañados.

Muchos son los ejemplos que se podrían enumerar. Es el caso de Amado Carrillo Fuentes, *El Señor de los Cielos*, quien supo trepar a la cúspide del cártel de Juárez por medio de la traición. Calculador, irascible, no dudó en acometer contra su jefe y amigo Rafael Aguilar Guajardo. Una simple bofetada seguida de un insulto corrosivo encendió su sed de venganza, y ordenó a sus lugartenientes matar a su jefe. El encargo se cumplió con comedimiento y discreción, sin preguntar las causas. Aguilar Guajardo es acribillado el 13 de abril de 1993 en Cancún, lejos de los territorios que solía recorrer con Amado en el norte del país. Perforado por balas expansivas, el cuerpo de Aguilar Guajardo cae cerca de un muelle, momentos antes de subir a un lujoso yate que lo llevaría de paseo por Isla Mujeres y otros rincones de la Riviera Maya.

Lo mismo sucede con Joaquín Guzmán Loera, *El Chapo*. Poderoso y sanguinario, rompe sus vínculos con sus progenitores en el mundo mafioso, los hermanos Beltrán Leyva. A él se le atribuye la delación que deriva en la captura, en enero de 2008, de Alfredo Beltrán Leyva, *El Mochomo*. El prófugo de Puente Grande no tolera que nadie lo aceche, mucho menos que intente arrebatarle el poder que lo ha consolidado como jefe del cártel de Sinaloa. Y en aras de mantener su hegemonía echa mano de la traición, recurso perverso de la mafia.

Y es precisamente en ese escenario infestado de traiciones en el que cae Juan García Ábrego. Su captura detonó una ola de violencia en Tamaulipas y en buena parte del Golfo de México. Murieron cientos de personas, muchas de ellas inocentes. Por esa época, enero de 1996, se desatan balaceras por doquier; capos y sicarios son levantados en parajes, lo mismo que en las calles de Nuevo Laredo, Reynosa o Tampico. Signos trágicos de la deslealtad y la traición. Y en medio de este fuego cruzado, dos personajes hambrientos de poder se encuentran en el cruce de caminos: Osiel Cárdenas Guillén y Salvador *El Chava* Gómez Herrera. Quizá el olor que emite el poder los atrajo, acaso fue por azar que ambos, sin proponérselo, coinciden en un mismo lugar, en un mismo momento. Los dos divisan la jefatura del cártel del Golfo, aunque provienen de ramajes distintos. Si bien no pertenecen a la misma estirpe criminal, poseen resortes capaces de agitar sus demonios internos. Y así como la vida los junta, una circunstancia trágica, casi diabólica, terminará por separarlos: la muerte.

Osiel Cárdenas Guillén emerge de las filas de la PJF, a la que sirve como informante o "madrina"; *El Chava* Gómez surge de los escombros regados tras el derrumbe de García Ábrego e irrumpe como un fantasma.

En Tamaulipas, un territorio bajo disputa, Osiel ha ganado fama como personaje tozudo y habilidoso en el arte del cruce de droga; también se desempeña como eficiente informante y ya ha aprendido a asestar golpes a sus rivales. Su fuerza radica en su astucia. En esa etapa aún no despliega toda la violencia que trae acumulada, pero ese demonio permanece agazapado en su interior, presto a irrumpir en escena.

Tiene 30 años de edad y ya es un maestro de la mentira y del perjurio. Se gana incluso el mote de *El Mata Amigos*. Cruel estigma. Osiel no descolla en el negocio del narcotráfico como un capo valiente y entrón, aunque lo parezca; se muestra cobarde a la hora de enfrentar la realidad. A menudo huye cuando lo acosan los agentes de la procuraduría o de las Fuerzas Armadas; salta por bardas y trepa por azoteas con habilidad, lleno de pavor; en ocasiones corre semidesnudo, dejando a sus amigos a merced del Ejército, la policía o de los gatilleros de bandas rivales. Durante algunos días nada se sabe de él. Oculto en algún hotel de paso o en algún refugio habilitado para emergencias reaparece y comienza a preguntar a sus allegados, inquieto aún, qué pasó el día que tuvo que huir como liebre espantada.

En la actividad delictiva desarrolla un olfato agudo. Es como el de un felino nervioso que percibe el peligro desde la lejanía y dirige sus pasos hacia otra dirección, donde el viento no sople cargado de mensajes amenazantes. Al menor ruido, presta oído atentísimo. A pesar de su comportamiento bravucón y retador, algunos personajes lo acicatean y le erizan la piel. Llegará el momento en que no pueda escuchar, por ejemplo, el nombre de Salvador Gómez Herrera, con quien comparte el poder en Tamaulipas, sin volverse irascible y violento. Su percepción sobre este narcotraficante chaparrito, gordito y de botas picudas no es equivocada. *El Chava* Gómez es un hombre de pocas palabras, siempre dispuesto a jalar del gatillo para resolver las diferencias. Casi febril es su impaciencia, se le teme por su virulencia y también porque ya tiene fama de felón.

Gómez Herrera proviene de una escuela criminal distinta a la de Osiel. En el cártel del Golfo opera ya bajo las órdenes de Sergio Gómez Villarreal, *El Checo*, jefe de sicarios de

García Ábrego, primero, y después lugarteniente de Óscar Malherbe. Sergio Gómez murió como vivió: torturado y ejecutado en mayo de 1996 durante el fragor que desató la guerra entre cárteles por el control de la plaza.

Regordete y ventrudo, al *Chava* Gómez poco le ayuda su baja estatura para imponer autoridad; en contraste, su reacio carácter le permite sortear los peligros con frecuencia. Los resortes de su mano derecha no le tiemblan cuando se trata de disparar y dar muerte a un rival. Osiel no ignora la virulencia de su socio. En los momentos más convulsionados que enfrenta el cártel del Golfo por la ausencia de un jefe, Gómez Herrera impone su ley y sale a flote combinando dos actividades ilícitas: el tráfico de drogas, a través de tractocamiones, y el robo de autos de lujo. Aunque el narcotráfico es su mayor debilidad, el negocio de los carros robados, al que se dedica con esmero, comienza a redituarle ganancias millonarias. Esta actividad se convierte en una de las más pujantes, sobre todo cuando el trasiego de estupefacientes en un escenario convulsionado por la violencia se vuelve difícil.

El estruendo de las balas no detiene al *Chava*, quien pronto encuentra una dupla a la medida. Conoce a Francisco Vázquez Guzmán, *Paquito*. Se lo presenta su gatillero Ignacio Reyes, *El Nacho*, conocido también como *El Café*. Gómez Herrera, un hombre poderoso y temible, saluda efusivamente a *Paquito* y le pregunta a qué se dedica. Tímido, éste responde que es propietario de una imprenta. Los ojos de Gómez Herrera muestran sorpresa. Su mente, casi siempre alterada por la droga, se acelera, como los engranes de una máquina cuando es aceitada. Apenas en una fracción de segundo, le llega una idea formidable: falsificar facturas. Comienza a imaginar que así le será fácil vender los vehículos robados.

La imprenta de *Paquito* se localiza cerca del taller que Osiel Cárdenas posee en Matamoros. Desde una pequeña ventana, siempre entreabierta, *Paquito*, quien aún no conoce a Osiel en persona, observa cómo realiza talachas en su taller mecánico y vende droga, mientras él pasa largas horas encerrado en su negocio oliendo tinta y dando forma casi artística a sus apócrifos trabajos impresos.

Entre *El Chava* y *Paquito* hay empatía de inmediato, la conexión entre ambos es natural. Al poco tiempo el famoso *Paquito* pone la imprenta al servicio de su nuevo amigo y comienza a falsificar facturas, lo que le facilita a *El Chava* comerciar los carros robados haciéndolos pasar como legales.

La triada funciona a la perfección: Ignacio Reyes se roba los coches; *Paquito*, con su arte puesta al servicio del hampa, duplica las facturas de las agencias automotrices, y *El Chava* se aboca a incrementar su lista de clientes que en cualquier ciudad están a la espera de un lujoso auto que compran sin regateos.

Cuando el robo de autos deja de ser atractivo, *El Chava* Gómez decide regresar al tráfico de drogas, aprovechando que nadie manda en la zona y que la mayoría de los hombres que pretendieron suceder a García Ábrego están muertos, presos o prófugos. Su principal tarea ahora es ordenar la plaza, pero no logra erigirse como el capo de capos, como anhela.

Aunque el territorio no tiene dueño, otros cárteles no pierden de vista la conquista de la plaza. Las acometidas de otros capos sacuden el entorno de Gómez Herrera, quien además enfrenta problemas de adicción a la droga. Fuma mariguana todos los días, lo que disloca su mente durante largas horas y le impide concentrarse, poner en marcha las estrategias correctas para consolidar la empresa criminal que vislumbra.

En realidad, *El Chava* Gómez nunca quiso imponer autoridad entre su gente, ni cambiar su atuendo: siempre se rehusó a prescindir de su pantalón de mezclilla, sus tenis y sus camisetas. Aunque eso lo hizo ordinario, su mente nunca dejó de ser una de las más sanguinarias.

Y así como a los oídos de Gilberto García Mena, *El June*, llegan noticias sobre los golpes espectaculares asestados por Osiel en el municipio Miguel Alemán, igualmente le llegan rumores y comentarios a Salvador Gómez Herrera de que Osiel Cárdenas está conformando en su propio feudo un grupo poderoso. Sus colaboradores le dicen que Osiel introduce cocaína en Estados Unidos, que cuenta con contactos y protección. *El Chava* Gómez, asesino y amante de la crueldad, sabe que no le basta con eso para crecer en el campo del narcotráfico. Le atrae la idea de conocer a ese competidor. Se propone como meta hacer buenas migas con él y piensa que la habilidad y destreza de Osiel le son necesarias para crecer en ese medio tan competido como violento. Pese a ser desconfiado, *El Chava* Gómez no descarta la idea de convertirlo en su socio.

No se sabe con exactitud cómo traban amistad. Lo que sí se conoce es que *El Chava* Gómez expresó entre su séquito que necesitaba a Osiel para unir fuerzas. Y esta unidad, la de dos mentes perversas, se logra gracias a que ambos estaban amenazados de muerte en Tamaulipas por Antonio Dávila, un ex agente federal que pretendió tomar, sin éxito, el control de la plaza. Osiel Cárdenas y Salvador Gómez Herrera, que ya tenían comunicación, huyen de la entidad.

Es agosto de 1997. Ambos se refugian en el hotel Cristal de la ciudad de México, que más tarde se convertirá en uno de sus más recurrentes escondites. En medio de las refriegas derivadas de la disputa por el territorio, muere acribillado Trinidad González Gómez, primo de Gómez Herrera, lo que despierta su sed de venganza. Entonces se da el tiempo necesario para eliminar al intruso Antonio Dávila.

Oriundo de Sinaloa, Dávila llegó a Tamaulipas como agente antinarcóticos. Entre sicarios y distribuidores de droga, el comandante Dávila creó un grupo para apoderarse de Matamoros, Reynosa y Nuevo Laredo. Dos temibles gatilleros, entre ellos, Gudelio Campos González, *El Indio*, sembraban terror en esas ciudades. Pero Osiel y Gómez Herrera no están dispuestos a que un advenedizo les arrebatara el territorio que ellos consideraban su propiedad. Defienden la tradición de que los capos del cártel del Golfo deben ser tamaulipecos de nacimiento y tener arraigo en la zona. Ése no era el perfil de Dávila, por eso desde una suite del Cristal ambos planean quitarlo de en medio para despejar el camino. Un equipo de sicarios de *El Chava* Gómez urde su ejecución y la de la gente que lo custodiaba. Aquella muerte deriva en un baño de sangre, por lo que Osiel y su socio se ven obligados a esconderse durante varias semanas en ese lujoso hotel de la Zona Rosa de la ciudad de México.

Francisco Vázquez Guzmán *Paquito*, quien como testigo protegido de la PGR tiene la clave *Rufino*, narró la forma en que se urdió la trama para asesinar a Dávila. El 12 de septiembre de 2007, al ampliar su declaración ante la Subprocuraduría de Investigación Especializada en Delincuencia Organizada (SIEDO), refirió también que la investigación sobre ese asesinato fue desviada por el entonces procurador de Tamaulipas, Guadalupe Herrera Bustamante —uno de cuyos hermanos, Ariel, conocido como *El Tigre*, formaba parte del cártel del Golfo—, para no implicar a los nuevos cabecillas de la organización criminal.

El testimonio de *Paquito* es elocuente y prolijo en detalles. Y en él se menciona la colusión de los mafiosos del narco y los hombres del poder. Así lo narró *Rufino*:

... En razón de que por medio de *Chava* Gómez conocí en el hotel Cristal de la Zona Rosa de la ciudad de México a Osiel Cárdenas, esto fue aproximadamente a finales del mes de agosto de mil novecientos noventa y siete, la razón por la que [no estaban en Tamaulipas] es porque en días pasados, el veintiuno de agosto [del mismo año] dieron muerte en la colonia Buenavista de Matamoros, Tamaulipas, al comandante Antonio Dávila Cruz, alias *El Comandante Toño Dávila*, a quien fueron siguiendo con el fin de ejecutarlo, dándose un enfrentamiento y, además de su muerte, también resultó muerto un primo hermano de *Chava* Gómez de nombre Trinidad González Gómez, alias *El Trini*. Tal ejecución fue

planeada porque *El Comandante Toño Dávila* quería quedarse con la plaza de Matamoros... Estando yo con *Chava*
Gómez en la habitación del hotel Cristal éste le dijo a Osiel
Cárdenas: "Compadre, ¿ya checaste si le entregaron los cincuenta mil dólares al procu que enviamos con el comandante Muñiz y *El Tigre*?", refiriéndose en primer término
a Juan José Muñiz Salinas, a Ariel Herrera Bustamante al
decir *El Tigre* y a Guadalupe Herrera Bustamante al decir el
procu, en virtud de ser en ese tiempo el procurador General de Justicia del estado de Tamaulipas y *El Tigre*, quien era
hermano del procurador Herrera Bustamante y sicario del
cártel del Golfo a las órdenes de *Chava* Gómez...Comen-
tándome en ese momento *Chava* Gómez que los cincuenta
mil dólares habían sido enviados por él y su compadre Osiel,
para que el procurador parara las investigaciones con motivo
de la ejecución del comandante Toño Dávila y ordenara al
comandante de la Policía Judicial del lugar no involucrar en
su investigación al cártel del Golfo y así evitar que se calentara la plaza de Matamoros... diciéndome *Chava* Gómez en
ese momento entre carcajadas: "No hay pedo, Paquito, ya
está todo controlado..."

El tiempo transcurría. Osiel Cárdenas y Salvador Gómez
recibían noticias de que la plaza empezaba a "enfriarse", aunque eso era provisorio. Saben que no pueden tomar riesgos;
desconfiados como son, tienen que seguir ocultos hasta que
llegue el momento propicio para irrumpir en el escenario.
Están impacientes pero tienen que aguantar hasta que las
aguas regresen a su cauce. Inmersos en ese compás de espera,

12 septiembre 2007.- Que comparezco voluntariamente ante esta Representación Social de la Federación, con el propósito de señalar uno de los hechos que viví cuando llevaba una buena amistad con SALVADOR GÓMEZ HERRERA, (a) "CHAVA GÓMEZ", quien fue el último Jefe del Cartel del Golfo" ya que OSIEL CÁRDENAS ordenó que fuera asesinado en el año de mil novecientos noventa y nueve por manos de ARTURO GUZMÁN DECENA alias del Z-1 Jefe del Grupo de los Zetas en el Puerto El Mezquital en la Ciudad de Matamoros, Tamaulipas; en razón de que por medio de "CHAVA GÓMEZ" fue que conocí en el Hotel Cristal de la Zona Rosa de la Ciudad de México, Distrito Federal, a OSIEL CÁRDENAS GUILLEN, esto fue aproximadamente a finales del mes de agosto del mil novecientos noventa y siete, la razón por la que se encontraban en la Ciudad de México, es porque días pasados aproximadamente el veintiuno de agosto de mil novecientos noventa y siete dieron muerte en la Colonia Buenavista de Matamoros Tamaulipas al Comandante ANTONIO DÁVILA CRUZ (a) "EL COMANDANTE TOÑO DÁVILA" a quien fueron siguiendo con el fin de ejecutarlo, dándose un enfrentamiento y además de su muerte, también resultó muerto un primo hermano de CHAVA GÓMEZ de nombre TRINIDAD GONZÁLEZ GÓMEZ alias el "TRINI", tal ejecución fue planeada porque EL COMANDANTE TOÑO DÁVILA" quería quedarse con la plaza de Matamoros, Tamaulipas; por lo que yo estando con CHAVA GÓMEZ en la habitación del hotel Cristal, éste le dijo a OSIEL CÁRDENAS: "COMPADRE, YA CHECASTE SI LE ENTREGARON LOS CINCUENTA MIL DÓLARES AL PROCU QUE ENVIAMOS CON EL COMANDANTE MUÑIZ Y EL TIGRE"; refiriéndose en primer término a JUAN JOSÉ MUÑIZ SALINAS alias "EL COMANDANTE MUÑIZ y/o "EL BIMBO" al decir "EL COMANDANTE MUÑIZ", a ABIEL HERRERA BUSTAMANTE al decir "EL TIGRE" y a GUADALUPE HERRERA BUSTAMANTE al decir "AL PROCU", en virtud de ser en ese tiempo el Procurador General de Justicia del Estado de Tamaulipas, además de que EL COMANDANTE MUÑIZ pertenecía a la Policía Judicial ahora Policía Ministerial del Estado de Tamaulipas y "EL TIGRE" quien era hermano del procurador GUADALUPE HERRERA BUSTAMANTE y sicario del Cartel del Golfo a las órdenes de CHAVA GÓMEZ; comentándome en ese momento CHAVA GÓMEZ que los cincuenta mil dólares habían sido enviados por él y su compadre OSIEL, para que el Procurador parara las investigaciones con motivo de la ejecución del Comandante "TOÑO DÁVILA" y ordenara al Comandante de la Policía Judicial del lugar no involucrar en su investigación al Cártel del Golfo y así evitar que se calentara la Plaza de Matamoros, Tamaulipas; diciéndome CHAVA GÓMEZ en ese mismo momento entre carcajadas "NO HAY PEDO PAQUITO YA ESTA TODO CONTROLADO"; haciendo el comentario que se quedarían unos días más en la Ciudad de México, Distrito Federal entre tanto se enfriaba la plaza; quienes siguieron

Extracto de la declaración de *Rufino* en la que refiere su primer encuentro con Osiel Cárdenas.

ambos reciben una visita, la del propio *Paquito*, conducido ahí, al hotel Cristal de la ciudad de México, por su amigo Enrique Reyes, *El Nacho*, para que salude a sus amigos Osiel

Cárdenas y Salvador Gómez. El momento no puede ser más oportuno. *El Chava* Gómez aprovecha la oportunidad y presenta a Osiel Cárdenas con *Paquito*.

"Mira, *Paquito*, te presento a mi compadre Osiel", le dice *El Chava* en tono formal al visitante, al tiempo que ambos se acercan y se estrechan la mano en señal de camaradería.

Paquito lleva consigo un fajo de facturas falsificadas, elaboradas por él mismo para entregárselas a Gómez Herrera. "Ahí está el encargo, compadre", le dice, aventando el legajo en la cama.

El grupo habla largo rato sobre la situación que priva en Tamaulipas a raíz de la muerte de Antonio Dávila.

El Chava Gómez comienza a mover su red de influencias entre las autoridades tamaulipecas para que le ayuden a deslindarse del crimen. No tarda en llegar la calma y entonces tanto él como Osiel regresan a Tamaulipas. Van dispuestos a tomar la plaza de Matamoros. Termina el año de 1997 cuando deciden recuperar el territorio. Comienzan por llamar a cuentas a la gente que opera el trasiego de droga sin pagar el llamado "derecho de piso". Quienes se niegan a ello son llevados al hotel Nieto, en las calles Sexta Zaragoza y Teherán, en Matamoros, donde los someten a tortura y los obligan a aceptar el pago de sus adeudos para que sigan operando en esa plaza.

Es el estilo de Osiel, aplica de nuevo la receta que tan bien le funcionó en Miguel Alemán cuando controló el tráfico de enervantes al amparo de la PJF y que le valió estrechar una sólida complicidad con Gilberto García Mena, *El June*.

En las habitaciones rentadas por *El Chava* Gómez, los gritos de los torturados son inconfundibles: "Aquí mando yo y te chingas, hijo de puta. Pagas o te mueres, perro", amenaza *El Chava* con el cañón de la pistola clavada en la boca de su enemigo. La acción se repite hasta que los detenidos son doblegados.

A su vez, Osiel recorre todo Tamaulipas: traba alianzas, corrompe policías, despoja de cargamentos a sus enemigos para quedarse con la droga y se acerca, poco a poco, a los mandos militares diseminados en aquel territorio sin ley. El país enfrenta una agitación cada vez más sofocante por la violencia, pero los hilos del control político, bien manejados por la otrora dictadura priísta (cuyos gobiernos tanto federales como estatales no han sido ajenos a pactar con el narcotráfico y a cobijar los intereses de los mafiosos), mantienen los territorios bajo control y le allanan el camino a los nuevos mandos del cártel del Golfo para que reconstituyan su *narcoempresa*.

Sometidos sus rivales en territorio tamaulipeco, Osiel regresa a la ciudad de México. *Paquito*, el impresor, vuelve a saludar a Osiel Cárdenas. El vendedor de facturas apócrifas permanece en la capital del país durante 10 días, suficientes para vender en el mercado negro todas las facturas que acreditan la presunta legalidad de la compra de autos de lujo de las marcas Ford y Volkswagen.

El habilidoso *Paquito* no se liga aún con el narcotráfico. Pero su arte para falsificar documentos lo va introduciendo casi imperceptiblemente en el mundo criminal. A la amistad que lo une con *El Chava* Gómez se suma ya la de Osiel Cárdenas.

Durante su estadía en la ciudad de México, *Paquito* se topa con su amigo *Nacho*, el mismo que lo presentó con Gómez Herrera. Tras el encuentro, ameno como siempre, *Paquito* decide saludar a Osiel luego de que su amigo le comenta: "Aquí anda el chaparrito", en alusión al propio Osiel Cárdenas. Le llaman así porque lo conocen bien y porque saben que mide sólo un metro con 67 centímetros; además, ambos saben que calza del número nueve y medio. De ahí la anécdota que es conocida en el círculo íntimo del capo tamaulipeco: en los operativos militares y en los cateos a sus casas todo desaparece: trajes, relojes, perfumes... Todo, menos sus zapatos. Eran tan grandes que nadie más se atreve a calzar.

Osiel se hospeda en esa ocasión en el hotel Congreso, en pleno corazón del Distrito Federal, muy cerca de la Asamblea de Representantes. Hasta el lugar arriban *Paquito*, *Nacho* y dos comandantes de la PJF. A uno de ellos lo identifican sólo por el apellido Ponce, al otro lo apodan *El Ciego* y proviene de Guadalajara. Por segunda ocasión *Paquito* estrecha la mano de Osiel. El saludo es efusivo.

Los cuatro se reúnen en la habitación de Osiel, en medio del fragor de la ciudad de México que se filtra hasta el estrecho y rústico sitio que huele a antiguo y a humedad. Después de bromear un rato sobre el desaseo de la habitación, y reclamarle, con sorna, por qué se hospeda en ese retrete, Osiel los invita a comer. Se dirigen los cuatro a un restaurante argentino situado en la avenida 16 de septiembre. Piden jugosos cortes y acompañan el alimento con vino. El convivio es ameno y termina como inicia: en medio de bromas y risas. Por la noche, Osiel parte con *El Ciego* rumbo a Tuxpan, Veracruz, para afinar los detalles de la recepción de un cargamento de mariguana. Allá los espera un personaje conocido como *El Chocoyo*, quien se encarga del trasiego y trabaja para Osiel. Mueve la mercancía en lanchas rápidas y conoce como pocos el laberíntico mapa lagunero que va de Tuxpan a Playa Bagdad y luego al puerto El Mezquital, en Tamaulipas, donde desembarca los cargamentos.

Es finales de 1996 y principios de 1997. El cártel dominante en México es el de Juárez, comandado por Amado Carrillo Fuentes, *El Señor de los Cielos*. El mote le viene de tiempo atrás pues se distinguía entre los capos por su habilidad para transportar cuantiosos cargamentos de droga en grandes aeronaves. Aproximadamente un año antes, el emblemático narcotraficante Héctor *El Güero* Palma Salazar había sido detenido. Efectivos militares lo capturaron luego de que su avioneta se estrellara en un vuelo de Ciudad Obregón a Guadalajara. En el accidente, Palma sólo resultó fracturado de una pierna y un brazo.

Figuras legendarias como Ismael Zambada García, *El Mayo*, o el experto conciliador Juan José Esparragoza Moreno, *El Azul*, son por aquellas fechas los amos y señores del narcotráfico. La de Juárez es la única organización que basa su poder en la corrupción de funcionarios públicos, estrategia que los llevó hasta la cúspide de la Sedena.

Sus rivales acérrimos son los hermanos Arellano Félix, por aquel entonces poderosos, impunes y con fama de violentos. Es la época más poderosa de este grupo. Nadie se acerca a Tijuana sin su permiso. Los hermanos Amezcua Contreras

—pioneros y afamados como los *Reyes de las Metanfetaminas*, fueron los primeros en manejar drogas sintéticas en el país— operan con libertad en Colima, y el cártel de los hermanos Valencia Cornelio despunta con discreción en Michoacán; son ellos los que introducen cargamentos de droga a bordo de barcos atuneros. Cuentan con el apoyo del gobierno del estado y las autoridades federales. Joaquín Guzmán Loera, *El Chapo*, comienza a figurar. Poco antes fue capturado en Guatemala y las autoridades federales lo investigan por el asesinato del cardenal Juan Jesús Posadas Ocampo en el aeropuerto de Guadalajara. El asesinato del purpurado se perpetró el 24 de mayo de 1993, cuando los hermanos Arellano Félix y sus sicarios confundieron su vehículo con el de *El Chapo.*

Sin aparentes rivales a la vista, en aquellos años (1996-1997), Salvador Gómez Herrera comienza a sonar como heredero de la plaza de Tamaulipas, aunque en rigor no hereda propiamente nada, sino que la conquista a sangre y fuego; supo estar en ese territorio en el momento adecuado para tomar el control. Caprichos del destino lo arropan; al morir su ex jefe *El Checo*, del que *El Chava* fue sicario, asciende al poder de la organización criminal del Golfo.

Osiel Cárdenas cede el poder a Gómez Herrera y éste decide compartir con él algunos territorios. La sociedad parece sólida. Por poco tiempo operan convencidos de que juntos constituyen una fuerza real, que uno sin el otro no pueden ejercer dominio en un territorio acechado por otros capos. Así, gracias a esa repartición, medio Tamaulipas es de Osiel y la otra parte de *El Chava* Gómez. Pero la historia demuestra que entre mafiosos el poder no se comparte. Quien lo posee lo quiere todo. Y en la búsqueda del control absoluto, sobrevienen las traiciones y la muerte.

Mientras Gómez Herrera controla a la prensa de Tamaulipas para que no se hable de él, e intimida a policías, Osiel trabaja en lo que mejor sabe hacer: introducir droga en Estados Unidos. En el nuevo escenario tamaulipeco estos dos personajes logran hacer una extraordinaria mancuerna. Osiel Cárdenas se dedica a contactar los cargamentos en Chiapas y Guatemala, mientras que *Chava* Gómez, con su habilidad para amedrentar, se encarga de mantener la plaza tranquila.

Ambos comienzan a posicionarse con una ventaja aparente: sus nombres aún no son una referencia preocupante para el gobierno federal, que los considera narcos de baja ralea. Para la PGR el cártel del Golfo está exterminado con la captura y deportación de Juan García Ábrego, pero la dependencia ignora, o no quiere darse cuenta, que la cimentación de una nueva organización está en crecimiento y se erige con nuevas piezas.

En la PGR los archivos están vacíos. No hay registros de los antecedentes criminales de Osiel Cárdenas. Tiempo después, y por presión de Estados Unidos, el cárdex de Osiel lo constituyen unas cuantas hojas con datos dispersos que dan cuenta de algunas faltas cometidas a partir de 1997: tráfico de armas y delitos contra la salud (oficio 1802/98), caso por el que estuvo preso en Estados Unidos. Otras referencias sobre Osiel contienen datos falsos y contradictorios. Se anota en su exiguo expediente que no es narcotraficante; la PGR se refiere a él como "un granjero afincado en Matamoros".

Los mismos informes establecen que fue "madrina" de la PJF y que es un delincuente hábil para corromper tanto a policías como a militares. Su expediente registra otros delitos, según el acta circunstanciada M-61/97-lll, por secuestro, usurpación de funciones, uso indebido de uniformes, insignias y siglas oficiales —del Ejército y de la PGR—, delitos que están asentados en la averiguación previa PGR/UEDO/013/99. Pese a ello, ninguna autoridad lo persigue.

Sólo en Estados Unidos crece la presión, pues las autoridades de ese país quieren verlo arrestado y, de ser posible, extraditado. Están ávidos de saber más sobre Osiel Cárdenas. Para ellos, Osiel significa una amenaza, pues en sus archivos los investigadores de Estados Unidos consignan que en 1998 y 1999 el capo colocó los cimientos de la nueva generación del cártel del Golfo. La PGR tiene otra visión: Osiel es sólo un delincuente menor incapaz de perturbar al Estado.

Antes de que la PGR conozca la ficha completa del perfil delincuencial de Cárdenas Guillén, con años de anticipación agentes expertos de la DEA ya tienen esbozado el retrato del capo. Saben cuál es su peso corporal (180 libras), su estatura (1.67), el color de sus ojos (café-oscuro) y hasta los tatuajes dibujados en su piel. El Servicio de Aduanas conoce también todos sus alias: *El Cabezón, Oziel Cárdenas, Osiel Cárdenas, Oziel Guillén, El Loco, El Patrón, Madrina* y *Nemo*. Más tarde se añade a la lista el estigma de *El Mata Amigos*.

Aún sin ser jefe del cártel del Golfo, los pasos donde Osiel trafica con cocaína son rastreados en ciudades estadounidenses como Michigan, Nueva York y Nueva Jersey, sus principales centros de distribución. La percepción de su peligrosidad preocupa a la DEA. La agencia calcula que el narcotraficante ha introducido en poco tiempo unas 30 toneladas de cocaína en Estados Unidos.

Con base en los intercambios de información entre la DEA y la PGR, van apareciendo elementos que dibujan de cuerpo entero a Osiel. En México, la PGR lo acusa de lesiones y de utilizar armas prohibidas (expediente 3479/97); robo (1357/97); amenazas y homicidio en grado de tentativa (1081/97); y portación de armas de uso exclusivo de las Fuerzas Armadas (1004/98). Así, la PGR sabe que Osiel es peligroso, pero lo sigue subestimando. Sin embargo la percepción de la dependencia con respecto a *El Chava* Gómez es distinta, a él se le considera temible por su actitud sanguinaria.

Es con violencia, intimidaciones y "cañonazos" de dólares para cooptar a funcionarios estatales y federales, como Osiel Cárdenas y Salvador Gómez se afianzan en el negocio de las drogas. Lejos de extinguirse, como afirma la PGR, el cártel del Golfo se reactiva con una nueva generación, ambiciosa y pujante, que se apresta a tomar el control.

De manera simultánea, las presiones de Estados Unidos sobre México crecen y se pone en riesgo la certificación de nuestro país como garante de la lucha contra el narcotráfico. Las autoridades del vecino país exigen al entonces procurador general de la República, Jorge Madrazo Cuéllar, detener a Osiel Cárdenas y a Salvador Gómez.

Madrazo Cuéllar tiene problemas en la PGR: infiltración del narco, corrupción de agentes federales; la institución carece de capacidad para cumplir sus propias metas. Indefenso, el procurador se convierte en el principal impulsor del

Ejército para que encabece la lucha contra el narcotráfico. Comienza por nombrar a generales y coroneles como delegados de la PGR en los estados más violentados por el narco. El proyecto alcanza logros y fracasos, pues algunos altos mandos del Ejército terminan corrompidos por el dinero de los mafiosos.

El automóvil transita por las márgenes del río Bravo. A bordo van Osiel Cárdenas, Salvador Gómez y Manuel Alquicires García, *El Meme*. Cerca del ejido El Refugio, ubicado a 10 kilómetros de Matamoros, un comando militar realiza un rondín de rutina y se topan con el auto donde viajan los tres narcotraficantes buscados por las autoridades federales.

Con sus armas listas para disparar, los soldados hacen la señal al vehículo para que se detenga. Una vez estacionado los militares revisan la unidad e interrogan a los tres ocupantes. Los tres titubean, lo que los hace sospechosos, por lo que son llevados a la guarnición militar de Matamoros. Durante el trayecto a la base militar, el abogado del cártel del Golfo, Galo Gaspar Pérez Canales, se entera del arresto, de que los militares van a desaparecer a Osiel, Salvador y Manuel. El litigante decide pasarle el *tip* a un reportero local conocido, Mario Díaz, de *El Diario*, sobre la triple detención. El truco resulta. A los pocos minutos, como atraídos por un imán, la guarnición militar se atiborra de reporteros.

Las sospechas de los soldados, en el sentido de que los tres detenidos pueden ser narcotraficantes, no son infundadas. Momentos previos a la captura, Osiel, Salvador y

Manuel habían dejado un cargamento de mariguana a orillas del río para que Rogelio Sánchez Pizaña, *El Kelín*, uno de los operadores del cártel, lo cruzara a Estados Unidos.

Al ver a tantos reporteros que preguntan sobre la situación legal y personal de los presuntos narcotraficantes —ésa es la estrategia de Mario Díaz para impedir la supuesta desaparición de sus amigos—, los efectivos militares deciden enviarlos a la ciudad de México. Como establece la ley, los tres son puestos a disposición del Ministerio Público Federal. El subdelegado de la procuraduría, Aurelio Soto Huerta, se encarga de coordinar el traslado. Soto es subordinado del militar Carmen Oralio Castro Aparicio, el delegado de la PGR en Tamaulipas.

Tan pronto arriban al hangar de la PGR en el Aeropuerto Internacional de la ciudad de México, Osiel Cárdenas, Salvador Gómez y Manuel Alquicires son sometidos a interrogatorios en la UEDO. Son los primeros días de julio de 1998. Sin elementos suficientes para consignarlos, la UEDO recurre al acostumbrado recurso del arraigo, que en este caso le resulta caro políticamente al gobierno de Ernesto Zedillo. Un juez federal lo concede sin cortapisas, y los tres detenidos son encerrados en una casa asegurada tiempo atrás a Héctor Luis *El Güero* Palma en la calle Cráter del Pedregal de San Ángel, uno de los barrios más exclusivos del sur del Distrito Federal.

En la residencia los tres ocupan una sola habitación y son vigilados por dos agentes de la extinta PJF, una de las corporaciones más corruptas del país. Con ellos también están arraigados varios secuestradores de la organización de Daniel Arizmendi, *El Mochaorejas. El Chava* Gómez y Osiel

Cárdenas traban amistad con sus custodios y comienzan a maquinar su fuga. En pocos días se hacen amigos. Dividen su tiempo entre el consumo de droga y el juego: todos los días se desvelan jugando *póker* e inhalando cocaína.

Durante el corto arraigo, no llegó ni a 20 días, *El Chava* Gómez y Osiel Cárdenas reciben trato de príncipes: los agentes federales permiten que *Paquito* entre y salga de la casa cuantas veces quiere. Les lleva la ropa a la tintorería, les compra alimentos especiales, latería, finos cortes del restaurante Angus, comida china, vinos, brandis, whiskies y otras exquisitas bebidas para que las compartan con sus vigilantes: también adquiere celulares para que no pierdan comunicación con el exterior, ni el control de la organización criminal. *Paquito* introduce todo en la casa de arraigo sin ninguna restricción.

Los gastos corren por cuenta de Osiel, pues *Chava* Gómez no tiene dinero en esos días difíciles, pese a ser jefe del cártel del Golfo. A Osiel lo sostiene económicamente Eduardo Costilla, *El Coss*, quien queda como encargado de la plaza durante su arraigo. Él envía a Cárdenas Guillén hasta 50 mil dólares cada semana, suficientes para cubrir los honorarios de sus abogados y otros menesteres.

Pasan los primeros días y el plan de fuga comienza a afinarse. Al principio *El Chava* Gómez se inclina por un operativo de rescate, para lo cual pide a *El Nacho* que conforme un comando armado para que los rescate; incluso contrata a un gatillero de nombre Vicente Castillo Sáenz, *El Mani*, y a otros más, a quienes hospeda en el hotel Imperial de la ciudad de México. *El Nacho* tiene la encomienda de juntar a unas 25 personas para liberar a sus jefes; no logra reunirlos. Osiel y Salvador Gómez deciden modificar la estrategia y optan por corromper a los agentes federales.

La noche del 24 de agosto de 1998 Osiel y Gómez Herrera preparan una fiesta. Piden a *Paquito* que los abastezca de alcohol y platillos especiales para una cena opulenta. Contratan prostitutas, que entran en la casa de arraigo uniformadas de agentes federales. Los policías consiguen la droga refinada: cocaína "lavada", para pasar una noche inolvidable. Dos onzas —50 gramos en total— son suficientes para el postre.

Así comienza la fiesta. Los agentes son agasajados por Osiel y *El Chava* Gómez. Los dos piensan evadirse al día siguiente, durante la madrugada, cuando los agentes, ahogados de alcohol, estén dormidos. Cerca del amanecer, Joel Espinoza Andrade, conocido en el cártel del Golfo como *Joel*, llega a las inmediaciones de la casa de arraigo en un Jetta deportivo. Lo estaciona a un lado del inmueble y aguarda sigiloso hasta que salgan sus amigos.

No hay necesidad de emplear la violencia, tampoco de amagar con pistola a ninguno de los comensales. El plan resulta perfecto. Agotados por el desvelo y en completo estado de ebriedad, los dos custodios se quedan dormidos, situación que aprovechan *El Chava* Gómez, Manuel Alquicires y Osiel Cárdenas para ganar la calle, donde abordan el Jetta. El vehículo sale disparado con sus nuevos ocupantes y se pierde entre las arterias de la ciudad de México. Tan de prisa lo hacen, que olvidan sus pertenencias en la casa de arraigo. Otra versión sostiene que Cárdenas Guillén soborna con 700 mil dólares a los policías.

Horas después, cuando los agentes despiertan, se percatan que los tres arraigados ya no están en la casa. Todavía aletargados por los efectos del alcohol y de la droga, los buscan por toda la residencia. No hay rastro de ellos. Más tarde reportan la fuga a sus superiores. Y estalla el escándalo. Los agentes son sometidos a una investigación, acusados de facilitar la huida a cambio de un soborno millonario. Durante varias semanas la fuga de los narcotraficantes sume en el hermetismo a la PGR, que recibe un contundente golpe que dejaba al descubierto la corrupción de sus agentes.

En su fuga apresurada, Osiel Cárdenas toma el camino a Mazatlán; *El Chava* Gómez se dirige a Matamoros. Antes de abandonar la casa de arraigo, Cárdenas Guillén le pide a *Paquito* que se incorpore a su equipo como asistente personal. Le dice que su trabajo consistirá en atender el cuidado de su ropa, porque no tiene esposa, y le encomienda otros menesteres. *Paquito* acepta y a partir del 15 de noviembre de 1998 se convierte en su inseparable acompañante. Osiel tiene su equipo de trabajo organizado y colocado en distintas ciudades de Tamaulipas, pero ni él ni *El Chava* Gómez alcanzan aún el dominio total de la plaza, en disputa abierta y permanente con dos grupos tan poderosos como violentos: *Los Chachos* y *Los Texas*.

Antes de fugarse de la casa de arraigo, Osiel concibe un plan estratégico, se sabría después, para erigirse como máximo jefe de lo que él denomina "mi empresa". Con esta idea en mente Osiel pretende borrar de un manotazo la historia del cártel del Golfo y construir su *narcoimperio* con otras bases; quiere ser el artífice de un nuevo grupo criminal con una generación más joven y dinámica. En ese esquema ya no encaja Salvador Gómez, quien sólo da órdenes pero no produce. La estructura creada por *El Chava* comienza a ser obsoleta, en la práctica sus miembros trabajan directamente con Osiel. Y éste, incansable, comienza a colocar las bases de su organización. Salvador Gómez se conforma con el dinero que le dejan las extorsiones, el "cobro de piso" por dejar trabajar a otros en su territorio, y eso se convierte en una parálisis que merma su poder.

Amigos durante años, el resquemor termina por dividir a los compadres. *El Chava* Gómez, quien se siente el jefe máximo del cártel, frecuentemente le pide dinero a Osiel, quien truena de coraje.

Cuando suena el teléfono, la voz de Gómez Herrera es inconfundible en el auricular: "Oye, compadre, necesito que me mandes 50 mil dólares, por favor", le pide a Osiel en tono suave, pero firme.

Osiel no se rehúsa, pero tampoco oculta su molestia. Esa situación lo hace sentir como un empleado de *El Chava*, y no como dueño de la mitad del territorio, tal como ambos lo pactaron. Y le responde: "Está bien, compadre. Te los mando este mismo día…"

Y tan pronto cuelga el teléfono, entre su séquito Osiel refunfuña: "Mi compadre ya me tiene hasta la madre. Me exige como si él no pudiera generar sus ingresos". A pesar de estas diferencias, que cada vez son más hondas y lastimosas, *El Chava* Gómez sugiere a Osiel que tome el control total de la plaza de Reynosa, mientras que él procede a erigirse como pieza clave del cártel en esa ciudad fronteriza.

Esa propuesta llega cuando Osiel cuenta ya con un grupo que le obedece, el cual se va nutriendo poco a poco. Ahí están, junto a él, Eduardo Costilla, *El Coss*, quizá el más leal de sus colaboradores, y Víctor Manuel Vázquez Mireles, *El Meme Cabezón*. Aunque debilitado, Gómez Herrera también tiene su equipo, y trabaja conjuntamente con el de Osiel. Lo conforman puros gatilleros, entre ellos Roberto Torres, *El Morfis*, y Rogelio García García, *El Rolly*.

El desgaste de la relación entre Osiel Cárdenas y Salvador Gómez es de tal magnitud, que está a punto de estallar. Cárdenas Guillén no está dispuesto a trabajar como empleado de *El Chava* Gómez, pero también teme ser traicionado. Y así se lo confiesa a Arturo Guzmán Decena, *El Z-1*, un desertor del Ejército que a la postre será el fundador del temible grupo armado *Los Zetas*.

Guzmán Decena, quien funge como agente federal en la demarcación de Miguel Alemán, en Tamaulipas, maquina una idea maquiavélica: formar un grupo de protección con su gente. "Así nos protegemos de los gatilleros de *El Chava*", le explica a Osiel, quien considera estupendo el plan, y acepta que se conforme el equipo de seguridad con puros ex militares.

Este proyecto refuerza su estrategia de convertirse en amo y señor del narcotráfico en Tamaulipas, mueve sus ambiciones de poder y las dirige hacia lo más alto. Junto con Guzmán Decena, Osiel decide asesinar a Salvador Gómez.

El primer paso es crear sospechas entre su grupo para separarlo de *El Chava* Gómez. Con frecuencia dice a su equipo cercano que no se acerquen a Gómez Herrera porque él sabía que los quería matar. Sus colaboradores toman en serio el mensaje y empiezan a distanciarse. Ese comportamiento llama la atención de Salvador Gómez, quien comienza a sentirse cada vez más aislado, aunque Osiel no pierde la comunicación con él, pues se propone estar cerca de su enemigo, conocer sus movimientos, seguir sus pasos.

A mediados de 1999, Osiel Cárdenas viaja a Tomatlán, Jalisco, y se instala en La Trementina, uno de sus fastuosos ranchos. Lo acompañan Eduardo Costilla, Víctor Manuel Vázquez Mireles, Arturo Guzmán Decena y *Paquito*, su inseparable asistente personal. Ahí pasa unos días y luego se instala en un lujoso *penthouse*, en la ciudad de Guadalajara, registrado a nombre de César Leobardo Gómez Cárdenas, su sobrino, a quien se le conoce como *Curva* dentro de la organización.

Por esas fechas está programado el bautizo de una hija que Osiel Cárdenas procreó con Liliana Dávila González. La ceremonia será en Tuxpan, Veracruz, y el padrino, Salvador Gómez Herrera, organiza los preparativos de la ceremonia y la fiesta.

Cómodamente sentado en un sofá, Osiel Cárdenas le habla por teléfono a *El Chava* Gómez y le dice que no podrá asistir al bautizo porque ha sido operado de emergencia de la vesícula. Osiel miente. En realidad aprovecha sus días de descanso en su rancho para someterse a una liposucción y a una cirugía plástica: se parte el mentón y decide implantarse cabello para ocultar su calvicie.

El Chava Gómez comprende el imprevisto y le desea pronta recuperación. Pasan los días, sin ninguna novedad, hasta que Osiel va a su encuentro tan pronto como se siente recuperado de sus intervenciones estéticas. Acuerdan verse en el puerto El Mezquital, en Tamaulipas. Salvador Gómez está escondido en Tuxpan, Veracruz, pero decide viajar por lancha, pues teme ser aprehendido por la policía que lo busca desde su fuga de la casa de arraigo junto con Osiel y Manuel Alquicires.

Osiel Cárdenas se desplaza desde Tomatlán en una camioneta Durango del año. Lo acompañan en ese trayecto Arturo Guzmán Decena y Víctor Manuel Vázquez Mireles, *Meme El Cabezón*. Después recogen a Gómez Herrera en el puerto El Mezquital. Acaba de bajar de una de las lanchas de su propiedad, utilizada para transportar droga desde Veracruz hasta Tamaulipas.

Después de un efusivo saludo, *El Chava* Gómez aborda la camioneta y se acomoda en el asiento del copiloto. Charlan unos minutos y en medio de las risas y las bromas Guzmán Decena, que va sentado en el asiento trasero, toma su pistola y le dispara a Gómez Herrera en la cabeza. En fracciones de segundos termina la vida del legendario Salvador Gómez Herrera, cuyo rostro se muestra en ese momento con el mentón rígido por la expresión de risa en la que lo sorprende la muerte. También son asesinados algunos de sus gatilleros; otros deciden sumarse a la banda de Osiel Cárdenas.

Pero surge un problema. Qué hacer con el cuerpo. Vázquez Mireles sugiere que sea colocado en un paraje, con una pistola en su mano derecha. Así lo deciden y entonces acomodan el cuerpo en un zacatal, muy cerca del rancho El Caracol, donde nació Osiel Cárdenas. La triada no deja un cabo suelto: a través de sus operadores, reparten dinero entre la prensa para que publiquen que *El Chava* Gómez fue asesinado por grupos enemigos al cártel del Golfo.

Osiel Cárdenas y Arturo Guzmán Decena regresan a Tomatlán y realizan una reunión en la que el primero toma la palabra. Con este mensaje, Osiel se erige como amo y señor del narco en Tamaulipas. Expresa: "Quiero decirles que el cártel del Golfo ya chingó a su madre. Ahora es mi organización, es mi empresa..."

Vázquez Mireles permanece en Matamoros y asesina a otros gatilleros de Gómez Herrera. Transcurren varios días sin que el cuerpo de Salvador Gómez sea hallado. La noticia de su muerte se difunde en los periódicos locales, pero las autoridades no encuentran aún la evidencia. Por instrucciones de Osiel, Vázquez Mireles da aviso a la procuraduría estatal, mediante una llamada anónima, sobre la ubicación del cuerpo. Sólo así es encontrado.

Cuando el equipo de médicos forenses arriba al lugar, junto con los agentes del Ministerio Público, el cuerpo de *El Chava* Gómez despide un pestilente olor. Está inflado, tiene el rostro desfigurado y el vientre carcomido.

8

Ascenso al poder

Con la muerte de Salvador Gómez Herrera, quien representaba el último obstáculo, Osiel Cárdenas se convierte en el líder absoluto del cártel del Golfo. Sin rivales ya, se apropia de esa organización y queda enredado en la red del narcotráfico, negocio que él cree dominar. De hecho lo hace durante menos de un lustro, periodo tan corto como tortuoso. Pero al igual que Amado Carrillo y Rafael Aguilar —dos figuras emblemáticas del narco mexicano que le precedieron—, Osiel tampoco corrige su objetivo primordial en el mundo de la mafia: alcanzar la estatura de capo. Antes de llegar a serlo, su carrera criminal es cortada de tajo. En un enfrentamiento con el Ejército, él y varios de sus seguidores serán arrestados en Matamoros, Tamaulipas, a mediados de marzo de 2003.

Si contundente fue su detención, más estrepitosa aún sería su caída, tras la cual Osiel ya no se levantará. Su arresto le conduce primero al penal federal de alta seguridad de La Palma en el Estado de México y luego, tras su extradición en enero de 2007, a otro confinamiento en una prisión de Estados Unidos.

Durante su fulgurante y efímero reinado Osiel logra saborear las agridulces mieles del poder, no sin sortear los infortunios. Sin la perturbadora presencia de *El Chava* Gómez, a quien consideraba un estorbo, Osiel hace sentir su presencia y entre asesinatos y traiciones prepara el camino que lo conduciría a la cima del cártel del Golfo.

Apenas se siente dueño del territorio que domina esa organización criminal, activa sus contactos comerciales en Colombia, Perú y Venezuela. Los capos de esos países observan y estudian sus movimientos, pues lo consideran un cliente potencial. Es el año de 1998. Han transcurrido veinticuatro meses de la caída de Juan García Ábrego, y ahora es Osiel Cárdenas quien se convierte en el depositario de la confianza de sus pares centroamericanos. "A usted lo que quiera", le dicen sus socios. Les inspira tal seguridad, que los colombianos le suministran todo tipo de material: mariguana, cocaína y materias primas para elaborar los tóxicos de moda: las drogas sintéticas, el veneno químico que consumen con avidez las nuevas generaciones de adictos.

Osiel se esmera en su trabajo y afina las relaciones con sus abastecedores, entre ellos Rubén Darío Nieto Benjumea, *Guiri*; Esteban Ochoa White, *Vicente*; Fernando Martínez, *Fernando*; Rubén Darío Villa García, *Colombiano*; Gustavo Adolfo Londoño Zapata, y Elkin Fernando Cano Villa.

La estructura de su empresa crece notablemente los meses posteriores al asesinato de *El Chava* Gómez. Osiel ya ha tendido puentes hasta Sudamérica. Aquel hábil mecánico que desarmaba autos y volvía a colocar sus piezas sin alterar el funcionamiento de una máquina, acomete sus nuevas actividades con virtuosismo, como lo hacen los relojeros al desmontar los engranajes y volverlos a ensamblar para que el aparato siga su marcha inexorable y marque el compás del tiempo sin vacilar en alcanzar los objetivos que se ha trazado.

Osiel visualiza el camino que debe seguir, y se percibe incluso como el amo del narcotráfico. Pero le falta aún el principal soporte: la estructura criminal. Es consciente de ello, y por eso mide el alcance de sus actos y admite que su empresa criminal todavía no tiene la solidez necesaria, que antes debe diseñar cada una de sus piezas. Sólo así podrá edificar el emporio que sueña.

"Por eso he arriesgado tantas veces la vida", suele comentar entre sus cómplices. Y entonces se avoca a la construcción detallada de lo que llama "mi empresa". Sabe que el pasado es difícil de eliminar, pero su impetuosidad lo lleva a hacer todo lo posible por borrar la historia del cártel del Golfo y empezar a escribir una nueva donde él, y sólo él, sea el protagonista. Y así deja a un lado su actitud bravucona y caprichosa y pasa al terreno de la construcción, intuyendo que para alcanzar la posición de capo necesita trabajar sin descanso y dar muestras de liderazgo.

En su interior se unen dos cables que provocan un cortocircuito explosivo y le permiten salir adelante: la desmesurada ambición por el poder, y el odio. Con paciencia y habilidad, Osiel comienza a trabajar el tejido de una red protectora. Su propósito es mantenerse alerta sobre los peligros que lo acechan, tener información detallada sobre cómo se comportan sus rivales, las maniobras de la policía federal para detenerlo, lo que maquinan sus propios aliados, las probables traiciones. Él conoce como nadie este juego.

Osiel no se permite correr ningún riesgo. No quiere ser traicionado, como él traicionó, y ordena a un equipo de su confianza que espíe a sus colaboradores más cercanos antes de encomendarles posiciones estratégicas en la estructura de la organización. Arturo Guzmán Decena, *El Z-1*, se encarga de estas tareas. Desertor del Ejército, Guzmán Decena incorpora a su nómina de gastos a decenas de policías y militares, muchos de ellos diestros espías que siguen los pasos del personal cercano a Osiel. Nadie escapa a estos controles. Desde gatilleros hasta las amantes del "patrón" son minuciosamente seguidos a todas partes. La orden de Osiel es muy clara: todo debe estar bien controlado. Un error, una filtración —y esto lo saben muy bien los miembros de la organización— se paga con la vida.

Conforme adquiere mayor control y, por tanto, jerarquía, empieza a ser notoria en Osiel una transformación de personalidad y de conducta que no pasa inadvertida entre su séquito. Sus aliados, así como el personal de su círculo inmediato, como Eduardo Costilla, *El Coss*, se percatan de esos cambios. No ocultan su temor al grupo de militares que rodea al nuevo líder del cártel del Golfo. A ello se une el miedo de que su jefe, al que conocen bien, carezca del valor para enfrentarlos cara a cara con el arma desenfundada. También tienen la certeza de que ante cualquier imprevisto violento Osiel optará por la huida para después, desde el sigilo, preparar el golpe. Por eso Osiel quiere saber qué hacen sus cómplices, con quién se reúnen y de qué hablan. Esa necesidad de saberlo todo, ese estar permanentemente ocupado en el otro es, para Osiel, una obstinación casi enfermiza.

No se conforma con tener embragados los hilos del poder. Va más allá. Sus ambiciones lo impulsan con frenesí a tomar el control de la prensa, de las corporaciones policiacas y de un amplio número de efectivos militares adscritos en municipios y demarcaciones de Tamaulipas. Los doblega con una metralla de dólares.

Con esos poderosos instrumentos envía señales que terminan por confundir a las desinformadas autoridades de la PGR, que ya arrastra una histórica atrofia no menos grave que la corrupción que la carcome y la paraliza. El asesinato de *El Chava* Gómez aún resuena dentro y fuera de Tamaulipas. En la sede central de la procuraduría en la ciudad de México el trágico eco de esa muerte hace que los funcionarios, impotentes para resolverla, prefieran decir que el cártel del Golfo está destruido. Así trasciende la versión de que por fin esa entidad del norte de México está libre de narcotraficantes, que el cártel del Golfo está desarticulado y que todos sus miembros están presos o muertos. La noticia se extiende por todo el país. Y Osiel aprovecha la situación para magnificar la versión a través de toda su red de complicidades. Logra que la prensa divulgue información en el sentido de que "un tal Osiel Cárdenas" no tiene capacidad ni liderazgo para rearticular el funcionamiento del cártel. Él mismo filtra que fue "madrina" de la extinta Policía Judicial y que se dedicaba al robo de autos. De ese modo se protege al decir a la opinión pública que es un delincuente menor, y que carece del perfil para dedicarse al tráfico de drogas.

Osiel también toma otras previsiones. Llama en privado a Eduardo Costilla, *El Coss*, y le entrega fuertes sumas de dinero para acallar a la prensa. Su orden es precisa: "Que no hablen de mí ni de la organización", le dice. Y el mensaje es transmitido a reporteros y columnistas, quienes mediante notas falsas despejan la pesada atmósfera provocada por la violencia que invade de sospechas a Osiel Cárdenas, de quien no se duda que sea el autor de los crímenes y desapariciones que anegan de sangre y miedo a Tamaulipas y otras entidades vecinas.

La estrategia de Osiel surte efecto. Mientras el gobierno de Ernesto Zedillo pregona en el país y en Estados Unidos que el cártel del Golfo está desarticulado y que Tamaulipas es un territorio limpio, en varios municipios de la entidad el diestro constructor Osiel coloca ladrillo por ladrillo los muros de su futura empresa.

Con la paciencia del pescador que espera que un pez muerda el anzuelo, Osiel estudia el comportamiento de los hombres que habrá de colocar en cada plaza: pone a prueba la lealtad de sus socios, analiza la información que Guzmán Decena le entrega sobre los seguimientos hechos al grupo y no todos salen bien librados. Se entera de que algunos despotrican a sus espaldas y ordena varios asesinatos. Los ejecuta por "por soplones". Sólo permanecen junto a él quienes le obedecen sin reparos, los que creen en su proyecto y están dispuestos a dar la vida si es necesario por el nuevo jefe, quien vibra de emoción cuando le dicen "patrón". Gatilleros de Gómez Herrera desaparecen "por traidores"; otros son ejecutados y sólo unos cuantos se suman al nuevo *narcoproyec-*

to, poniéndose a las órdenes del jefe y confesando su lealtad: "Aquí estamos con usted, señor", le dicen.

Cuando ya ha elegido a los miembros de "la empresa", Osiel avanza en la edificación de su cártel. Para consolidarlo se apoya en la estructura de poder estatal, y en el cerco de seguridad más eficaz, la policía. Y con esa protección convoca a una cumbre que por largos meses permanece envuelta en el secreto.

Gatilleros y operadores acuden al pueblo de Guardados de Abajo, cerca de la frontera con Estados Unidos, para recibir un trozo de territorio. A mediados de 1998 Osiel reparte las plazas y dicta las nuevas reglas del juego no sin exigir lealtad, honradez y discreción. En aquella histórica *narcocumbre* el nuevo dirigente lanza una amenaza para quien se sienta tentado por la traición: "El que traicione pagará con su vida", sentencia.

Todos los convocados escuchan atentos a Osiel Cárdenas. Lo miran fijamente. Y el patrón desenvuelve un ramillete de planes. Promete canonjías, pide que se trabaje hombro con hombro y codo con codo para erigir la que es considerada hoy la organización criminal más poderosa, después del cártel de Sinaloa.

Enterados de las reglas del cártel, mismas que rigen toda actividad mafiosa, Osiel procede a la designación de los nuevos mandos en las distintas plazas de Tamaulipas y, para ello, echa mano de sus mejores cartas, las que ya han pasado la prueba de fuego y de lealtad. Gilberto García Mena, *El June*, se mantiene inamovible en Miguel Alemán, donde ha mostrado ser una pieza eficaz; no sólo le ha dado apoyo, sino que ha sabido sortear los embates con habilidad durante varios años. Otra de sus cartas es Zeferino Peña Cuéllar, de temple gresco y sanguinario, a quien Osiel le confía la custodia de Ciudad Díaz Ordaz, así como Camargo y Nuevo Guerrero.

La ciudad de Matamoros, cuna del cártel del Golfo, se la entrega a Eduardo Costilla, *El Coss* —quizá el más cercano a Osiel—, en quien deposita confianza y responsabilidades relevantes, como la búsqueda de apoyos en las esferas del poder estatal y los contactos con los proveedores colombianos.

El municipio de Progreso queda a cargo de Juan Carlos Villalobos, ex comandante de la desaparecida PJF. A Gregorio Sauceda, *Don Goyo* o *El Caramuela,* lo coloca en Reynosa, uno de los territorios que junto con Matamoros es de los más codiciados por otras organizaciones dedicadas al tráfico de drogas. Ante tan elevada responsabilidad, y debido sobre todo a que ésta es una plaza competida, Sauceda le pide a Osiel un par de refuerzos, a fin de cumplir sus expectativas. Se le asignan sin rodeos. Bajo sus órdenes comienzan a operar Guadalupe Rivera Hernández, *El Gordo Mata*, quien es aprehendido en mayo de 2005, y *El Gordo Lam*. El 29 de abril de 2009 Sauceda es detenido por el Ejército.

En Díaz Ordaz asume el mando de la plaza Efraín Torres, *El Z-14*, un desertor del Ejército a quien el hampa también bautiza como *El Chispa*, y que en marzo de 2008 es ejecutado en la comunidad de Villarín, Veracruz, durante la celebración de una carrera de caballos que deriva en una intensa balacera.

148

Otro círculo de operadores conforma un segundo cinturón de cómplices del cártel. En distintas tareas se enganchan Víctor Manuel Vázquez Mireles, *El Pariente*, *Meme El Cabezón* o *Niebla*; se suma Ezequiel Cárdenas, hermano de Osiel, conocido como *Tony Tormenta*; Rubén Sauceda Rivera, de quien sólo se sabe que le llaman *El Cacahuate*, *Don Sergio* o *Tango 90*.

Otras piezas incorporadas son Javier Solís Garduza, *Javier* o *El Loro Huasteco*; César Eduardo García Martínez, *El Pollo*, *El Chicken* o *Tango 95*; Ramiro Hernández García, *El Matty*; Raúl Bazán, *El Chimbombo*, José Manuel Barrientos Rodríguez, *Pepillo* o *El Flaco*; Juan Guerrero Chapa, *El Licenciado Guerrero*; Miguel Ángel Hughes Rivera, *El Bebo*; Rogelio García García, *El Roger*; Rafael Betancourt Vélez, *Rafa*; Juan Carlos García Bazán, *Juan Carlos*. A este grupo pertenece también un personaje llamado *Don Alejandro*: el brujo de la organización, a quien se le encomienda la protección de los integrantes de "la empresa".

Osiel no escatima recursos para reforzar su seguridad, y procura contar con una escolta de confianza con la que convive y pacta la buena marcha de su organización. Ése sería su círculo inmediato, el primer dique de protección: el grupo armado *Los Zetas*, originalmente conformado por desertores del Ejército.

Con las puertas abiertas en el mercado abastecedor más importante —Colombia—, Osiel asciende con vehemencia hasta la cima del cártel, sin que ya nada lo detenga. La confianza que proyecta hacia Sudamérica, donde es visto como un verdadero narcotraficante, le da mayor impulso. En Colombia les da certidumbre saber que su socio mexicano está bien protegido por las autoridades de su país, y que ninguna sombra se le atraviesa en sus actividades para el trasiego de drogas.

Pero esos logros le resultan insuficientes a Osiel, proclive a la voracidad. Con frecuencia siente que su empresa aún está desarticulada a pesar de contar con una red de operadores, socios y abastecedores. "A la organización —suele decir entre sus cómplices— le faltan instrumentos." Se refiere a que el corporativo criminal aún carece de piezas importantes en su engranaje. Y es que, en efecto, lo que parece terminado y listo para funcionar, de pronto no lo está, pero con tesón continúa la ensambladura de su cártel. Ya fueron designados los responsables de las plazas; el cerco protector parece infranqueable; los abastecedores y las redes financieras trabajan sin que nada detenga su marcha... Sin embargo Osiel advierte que su organización requiere de diestros pilotos. Para tan sensibles tareas —nada menos y nada más que el transporte de los embarques de drogas— contrata los servicios de Roberto Rangel Gutiérrez, *Roberto*; Alejandro Morales Betancourt, *Beta,* y Miguel Regalado Ortiz, *Regalado*, entre otros.

Con toda la maquinaria criminal bien aceitada, Osiel empieza a recibir innumerables cargamentos de cocaína internacionales por la vía aérea. Lo mismo proceden de Colombia, que de Venezuela, Perú y Guatemala. La ruta del trasiego operada por Osiel pocas veces sufre variaciones. Es suficientemente segura. La droga se embarca en Colombia, y Osiel la recibe en Chiapas, Veracruz o Campeche; luego la traslada a Tamaulipas, por ríos y lagunas, para posteriormente introducirla en Estados Unidos.

La estructura del cártel, no obstante que su efectividad ha sido puesta a prueba al llevar con éxito unas 15 toneladas de cocaína por mes a Estados Unidos, todavía no satisface al capo. Quiere más poder porque ha puesto la mirada en lo más alto. Lo que hasta ahora dispone es insuficiente. Osiel necesita de un ejército de abogados, y se apresta a conformarlo. Entre esa tropa de litigantes, que permanecerán atentos a cualquier detención de los miembros del cártel, figuran Juan Guerrero Chapa, *El Licenciado Guerrero*; Galo Gaspar Pérez Canales, *El Licenciado Galo*; *El Licenciado Gamboa*; Miguel Ángel Martínez Sánchez, *El Licenciado Martínez*, y Antonio López Nakazono.

La red del cártel, según los planes de Osiel, no puede descuidar su figura pública. No permite que se le critique o se le atribuyan crímenes y desapariciones. Necesita el silencio cómplice de la prensa, y lo consigue sin problemas. Para cubrir ese frente contrata los servicios de algunos periodistas. Ellos tendrán la misión de "maquillar" la imagen del grupo criminal o de guardar silencio ante hechos de violencia en los que se involucre a sus miembros, en particular a Osiel, quien no quiere verse envuelto en el vórtice de los escándalos. Es evidente que la protección policiaca es tan importante como mantener amordazada a la prensa escrita y electrónica. Sólo con esas alianzas es posible la consolidación de sus planes de expansión.

Testarudo, Osiel no se conforma con el apoyo de los policías de una ciudad. Quiere tener a su disposición a todas las corporaciones policiacas que operan en Tamaulipas. Con pagos millonarios logra la protección de las corporaciones adscritas de las principales plazas que ocupa el cártel: Matamoros, Reynosa, Miguel Alemán, Nuevo Laredo y Valle Hermoso. Luego las redes de complicidades se extienden a todo el Golfo de México, y establecen una mancuerna, una suerte de trabuco criminal con el grupo armado *Los Zetas*.

Ahora está libre y sin competencia amenazante en su vasto campo criminal, su único mundo. Ya no existe más la atemorizante sombra de *El Chava* Gómez, que por las noches se le acercaba y lo tocaba con insistencia para comunicarle sus planes y negocios. Ya no está para darle esas órdenes que tanto le atemorizaban. Y es que Osiel y Salvador Gómez se necesitaban y al mismo tiempo se estorbaban. No hubo ningún momento en que se enfriara la discordia. Ambos hervían en su interior, se quemaban de odio hasta crepitar como leños ardientes. Los dos ansiaban el poder absoluto y sólo uno de ellos, Osiel, salió avante sin darse cuenta que al ganar la batalla mediante la traición abrazaba con ello el infortunio.

Y desde esos recovecos —hasta donde su corta mirada interior no puede llevar luz— lo sigue perturbando el pavor con sus punzantes aguijones a pesar de que está cómodamente sentado en la cima del cártel. El fantasma de la traición, representado por la figura del difunto Salvador Gómez Herrera, se desplaza ahora a sus socios y cómplices, de quienes se cuida las espaldas; la desconfianza le atenaza.

Como se sabe perseguido, Osiel invierte una parte de sus ganancias en la compra, renta y remodelación de casas de seguridad para refugiarse en caso de que la organización se vea amenazada por alguna acometida del gobierno o de sus enemigos. Estos escondites también se utilizan para torturar, interrogar y ejecutar a personas. Las casas de seguridad están bajo la custodia de Rafael Gómez Garza, *El Cuate*, y Emilio Abraham Chapa Villarreal, *Arqui*.

Lucha por encontrar el sosiego, pero pocas veces logra ese equilibrio; apenas se muestra valiente, viene la zozobra y el fantasma de *El Chava*, inclemente, lo paraliza. Es el miedo; lo trae adherido a la piel. Osiel teme ser asesinado. Esa tensión lo lleva a cambiarse constantemente de casa. Nunca duerme en el mismo sitio. No confía en los demás, salvo en sus más allegados; toma las precauciones debidas para que sólo algunos de los integrantes de su organización sepan dónde recala cuando cae la noche.

Sólo *Paquito* conoce los secretos del jefe, sólo él es su incondicional. Lo conoce de tiempo atrás, desde que trabajaba con *El Chava* Gómez falsificando facturas en su imprenta para vender autos robados. Osiel lo invitó a trabajar con él y lo quiere siempre cerca. Sabe de su lealtad y de su disciplina para responder con eficacia a las exigencias. De ahora en adelante Osiel deposita en su personero —una excepción, porque no confía en nadie, y menos ahora que está en la cima del poder— toda la confianza. No sólo le pide que atienda sus necesidades cotidianas, también le confiere lo más preciado: su seguridad y su vida. Sólo ante los cuidados y atenciones de *Paquito*, él puede dar la espalda y dormir algunas horas, no muchas, porque ese aguijón interior que lo atosiga irrumpe en sus sueños y entonces se despierta, sobresaltado.

Pero ninguna perturbación, por enfermiza que sea, es perenne. Cuando las fuerzas de la realidad lo aterrizan y desciende de su nube rosa, un golpe de razonamiento lo aleja de los bordes de la locura. Es entonces cuando Osiel deja los devaneos y recobra la cordura. De inmediato se aboca a la tarea de proseguir con la marcha de su organización.

A Osiel se le inflama el pecho de egolatría. Se siente un empresario en ciernes, importante en el intrincado mundo de los negocios ilícitos. La necesidad de reconocimiento, que surge del vacío que lo envuelve, lo acucia. Anhela que de un día para otro se le reconozca como capo poderoso y se le respete. Busca con denuedo el elogio y se esfuerza por dar lustre a un breve linaje delincuencial. Quiere ser visto como una autoridad en el bajo mundo y así se lo exige a sus cómplices. Pero ese arrebato narcisista lo enloquece: Osiel insiste con vehemencia que se le venere como a un dios. Es tal su anhelo por alcanzar el liderazgo —algo que sólo se gana con autoridad, dedicación y tiempo—, que recurre a la fuerza y la amenaza. Como ese genio tenebroso que fue Fouché, echa mano de todas las artes del engaño y del espionaje.

Osiel, que por largo tiempo se mantuvo en una posición de "segundón" en el escalafón del cártel del Golfo, por primera vez cree ser alguien en el oscuro mundo de la mafia y ya no está dispuesto a aceptar el desdén, la indiferencia, y mucho menos que sus empleados le alcen la voz cuando se dirigen a él. Se ve obligado a imponer su autoridad mediante intimidaciones; nada lo detiene en ese proceso de autoafirmación: "Que no se les olvide que yo soy el jefe", les dice a sus interlocutores una y otra vez. Tiene una ancestral hambre de reconocimiento que no puede saciar.

Sus gritos, sobre todo sus exigencias de poder y de respeto, se complementan con su atuendo. Osiel se esmera por ser un figurín, y decide entonces vestirse con ropaje fino y elegante. Esa envoltura transforma su personalidad. Pronto, aquellas camisas campiranas de cuadros coloreados y los pantalones de mezclilla desteñidos por el prolongado uso son sustituidos por prendas de marca.

Tal es el esmero por el bien vestir, que se pone en contacto con representantes de las firmas exclusivas y se decide por los trajes del diseñador Hermenegildo Zegna, que compra por encargo en la exclusiva tienda Hemisfer en la plaza de San Agustín, en San Pedro Garza García, Nuevo León, donde también lo hacen las figuras más poderosas del ámbito empresarial y de la mafia.

Sin embargo, Osiel se topa con un problema: no encuentra conjuntos que le queden bien debido a un defecto físico: tiene las piernas cortas y la espalda ancha, por lo que debe encargarlos a la medida. Asimétrico, su cuerpo necesita que sus sacos sean confeccionados de una talla que no corresponde a la de los pantalones. El sastre debe entonces tomar las medidas precisas para confeccionar las prendas.

Para complementar su atuendo, cuando Osiel estrena alguno de los costosos y exclusivos trajes para acudir a algún compromiso social o de negocios, o a una cena con la dama que corteja, se perfuma con una exquisita fragancia de Cartier, la preferida de los hermanos Miguel y Gilberto Rodríguez Orejuela, jefes del cártel de Cali. Sabe ser generoso y comienza a regalar frascos de esa marca a sus colaboradores cercanos.

En el guardarropa de Osiel también abundan los pantalones y camisas de algodón y lino de marcas famosas. No pueden faltar los zapatos que más le gustan: los Grand Emiko del número nueve y medio en todos los tonos y estilos.

Paquito pronto se gana un lugar especial en el entorno personal de Osiel gracias a sus buenos oficios y a su discreción. Desempeña sus tareas con destreza, está atento a las necesidades del señor. Sabe que a Osiel le gusta la pleitesía y le corresponde, siempre solícito, en el acto. Tan estrecha es la relación que un gesto de su jefe basta para que *Paquito* capte lo que desea su patrón. Pronto el hombre de mayor confianza de Osiel aprende a conocer con detalle los temores y las manías del capo del Golfo. Cada amanecer vigila que nada perturbe el sueño del jefe y supervisa con celo que el guardarropa, cada vez más selecto y ordenado, esté a punto para cuando Osiel se despierte y elija qué prendas usará. No puede permitirse ninguna falla. Todo lo hace con diligencia. Antes de que el reloj marque las 12 del día, *Paquito* tiene lista la vestimenta con la que Osiel se ha de ataviar. Conoce los colores que más le gustan, así como su proclividad por las combinaciones de negro con beige, camisas lisas de manga larga y de colores claros.

Así, cuando sale del baño y frota su espalda con una suave toalla, Osiel ya tiene ante su vista varios juegos para que elija; ropa casual, o elegante, por si tiene alguna actividad importante. En una cómoda tiene un cajón lleno de varios pares de calcetines de colores, todos acordes con el atuendo que seleccione, y zapatos bien lustrados para toda ocasión. Una vez que escoge la indumentaria del día, dependiendo de las actividades que tenga registradas en su agenda, *Paquito* recoge las otras prendas y las vuelve a colocar en el guarda-rropa, con cuidado de que no se arruguen. Si esto ocurre, lleva de inmediato la ropa a la tintorería. Siempre debe estar impecable.

Este solícito mancebo está presente en todos los sitios a los que acude su jefe. Como se siente perseguido, y de hecho lo está, Osiel opta por no permanecer más de dos días en un solo lugar. Cuando se encuentra en la ciudad de Reynosa, duerme en casas de seguridad diferentes que son identifica-das con claves secretas: un día en la residencia conocida entre su personal de confianza como Punto Néctar; otros dos en Cuarenta Grande. Si viaja a la ciudad de México, a donde se traslada con frecuencia para cerrar negocios con proveedores de cocaína colombianos, pernocta en un domicilio ubicado en Bosques de Tejocotes número 9, en Bosques de Las Lomas.

Así como cambia de refugio, el líder de la organización también varía las formas de presentarse: entre su grupo de conocidos, socios y una que otra amistad se hace llamar *El Ingeniero, El Licenciado, El Licenciado de la O, Patrón, Jefe, Chaparrito* y *Señor*. Dentro del cártel una clave lo identifica: *Sombra*. Cuando asiste a eventos sociales extiende su mano derecha para saludar y expresa: "Soy el ingeniero Alberto Salazar González"; a veces es más parco: "Ricardo Garza, para servirle". Pocas veces se hace acompañar de su esposa Celia Salinas Aguilar y de sus tres hijos: Celia Marlén, Osiel y Grecia Cárdenas Salinas. Cuando viajan juntos invariablemente lo acompaña Ramiro Hernández García, *El Matty*, su hombre de mayor confianza en la planeación, asesoría y compra de cocaína.

Osiel a menudo está imbuido en la paranoia. Entre más poder acumula mayor es el temor que siente de morir. Estos constantes sobresaltos ya no sorprenden a *Paquito*, quien con el paso del tiempo va conociendo los resortes emocionales de su jefe, pero tiene prohibido hablar de ello. Nadie más que él está autorizado para saber dónde reposa, dónde come, dónde llora y se derrumba por el fracaso de un negocio o por el abandono de alguna amante que le ha lastimado los más profundos sentimientos. *Paquito* termina convertido en su sombra fiel, el amigo casi perfecto que le cuida y le atiende a cualquier hora del día y de la noche, y al que sólo le paga 350 dólares quincenales.

Atado a la ansiedad, que se agudiza en la medida en que sube de posición, Osiel entra en desesperación y nada parece sosegarlo. Ya no puede conciliar el sueño cuando sabe que ahora es el centro, el objetivo de las autoridades y de rivales que lo odian y quieren verlo muerto o encarcelado. Pasa largas y pesadas noches despierto. Y en estas constantes vigilias aflora una de sus mayores debilidades: las mujeres. Se hace acompañar de sus amantes para dar rienda suelta a sus pasiones, para agotarse al máximo en intensas jornadas de sexo. Ésta será, como jefe del cártel del Golfo, una de sus fugas recurrentes. Sólo así logrará dormitar por las mañanas, pero su cuerpo, a menudo agotado por el insomnio, la droga y el sexo, desde hace tiempo desconoce el reposo placentero. Atrapado en los grilletes del placer sexual y eventualmente aterrorizado, Osiel no encuentra calma. Pocas veces su pulso cardiaco se estabiliza, pese a que en aquellas largas horas sin sueño no le faltan mujeres: dispone de un harén para escoger con quién desea pasar una noche o dos para enseguida cambiar de compañía. La lista de amantes es numerosa, y entre los miembros del cártel todas son conocidas, pero sólo algunas de ellas gozan de privilegios. La preferida será Hilda Flores González, *La Güera*. Osiel puede perderse varios días envuelto en la pasión y abandonar sus responsabilidades como cabeza de la organización. El frecuente encuentro con mujeres y sus recurrentes ausencias causan enojo entre los miembros del cártel. Surgen por doquier rumores, versiones y chismes. Eduardo Costilla, encolerizado porque tiene dificultades para hablar con Osiel, empieza a suponer que su jefe está embrujado y que la hechicera que lo mantiene "encantado" es *La Güera*, con quien Cárdenas Guillén pasa la mayor parte del tiempo encerrado en una cómoda recámara.

Tan desesperado está por esas evasiones, que le pide a *Paquito* un favor que, según cree, ayudará a su amigo y jefe a despertar del embrujo del placer: cuando *La Güera* le lleve de comer a Osiel, le dice, él debe tirar los alimentos a la basura. Entre los miembros del cártel, *El Coss* no tiene empacho en comentar: "Esta vieja tiene a mi compadre embrujado... Algo le debe estar echando en la comida... Desde hace varias semanas veo a mi compadre todo pendejo, y él no se comportaba así".

La preocupación de Eduardo Costilla es real, pero no por el "embrujo", sino por el dominio que la dama ejerce sobre el jefe del cártel del Golfo. Cuando Hilda González abandona el lecho de amor, *Paquito* observa que Osiel, el bravucón, el hombre poderoso, se derrumba envuelto en llanto por aquella mujer. Sin recato alguno, *El Coss* dice en sus momentos de enojo: "Esta pinche vieja tiene todo estúpido a mi compadre".

La intensa actividad sexual, aunada a la falta de sueño, mantiene el cuerpo de Osiel debilitado como una cuerda floja. Cuando su mente se aletarga, es despertada de un disparo con fuertes dosis de cocaína. El efecto de la droga incrementa su paranoia y su desconfianza. Por eso Osiel jamás se desnuda, salvo cuando tiene encuentros sexuales. Pocas veces puede tirarse en la cama, abandonarse al descanso plácidamente. Si se quita la camisa y los zapatos, no desenfunda sus cortas piernas del apretado pantalón de mezclilla, apenas flojo del broche, por si es necesario salir huyendo de su aposento ante algún imprevisto.

Estas fugas, que por algún tiempo son frecuentes, después pasan a segundo término. Osiel se sobrepone, rompe las tenazas que lo sujetan al placer, y pone a prueba su voluntad. Aquí comienza su verdadera tarea, y su verdadera lucha; aquí se observa y se prueba de qué está hecho el nuevo jefe del cártel del Golfo, el hombre que llegó al poder mediante una traición.

Es tan fuerte el impulso que le arremete que lucha por no sucumbir ante los peligros que lo acechan, ante los ojos asesinos de sus enemigos que desean ansiosamente localizarlo para darle muerte y arrebatarle el preciado botín: las plazas que ha conquistado con las más bajas artes del engaño.

Los vientos cargados de odios que soplan a su alrededor, en particular en sus principales feudos: Tamaulipas, Coahuila, Nuevo León o Veracruz, lo van recubriendo de una gruesa coraza. Ya no teme matar, ya no le tiembla el pulso para tomar una decisión y, así, buena parte de su territorio es depurado de enemigos hasta que la región termina convertida en un vasto osario. Se calcula que poco más de 60 crímenes fueron ordenados por Osiel Cárdenas; las víctimas de sus secuaces suman otro tanto. Todo con el fin de tomar el control absoluto del estado de Tamaulipas, su principal bastión.

A Osiel tampoco le preocupa que lo persigan por la muerte de *El Chava* Gómez, aun cuando corre por todas partes el runrún de que él ordenó el asesinato. Tan fuerte es el ruido provocado por el rumor, que en notas y reportajes publicados por la prensa tamaulipeca lo llaman *El Mata Amigos*. De ahora en adelante ése es su sello, y queda registrado como la marca de un producto peligroso. Pero nada de eso lo inquieta. Está seguro de que las autoridades están atadas de manos, paralizadas, como estatuas, por el encanto del dinero que huele a droga y muerte. Este lubricante no sólo le resulta eficaz para acallar a la prensa y comprar voluntades. También le transforma de un plumazo la personalidad apenas siente que el poder es un activo más en su haber.

Es evidente que Osiel se siente llamado a las tareas más arduas y peligrosas en el campo del tráfico de drogas, dejando atrás, muy atrás, las correrías vividas como "gramero" huidizo. Y aquí surge, libre de nubarrones, su voraz sentido de posesión, desatándose sus ambiciones personales, que ya no puede dominar.

Como a todo ser humano, a este capo nada le pertenece ni le pertenecerá porque todo cuanto posee —dinero, poder, mujeres, complicidades, residencias, automóviles de lujo— es prestado. Lo que celosamente cree que es suyo, sólo suyo, lo ha obtenido mediante el despojo y la violencia. Y es que como narcotraficante Osiel se comporta como un victimario que suele arrebatarle al enemigo lo que tiene. Pero eso lo ata a una cadena interminable de desgracias, pues él también es víctima de robos, engaños, traiciones, deslealtades, y de cuantiosas pérdidas de dinero y cargamentos de droga.

Llega el año de 1999. Por voluntad propia o bien por el juego caprichoso de las circunstancias, Osiel, el narcotraficante de carácter indómito, comienza a ejercer su liderazgo con las armas que mejor domina: la amenaza y la violencia.

Empeñado en seguir construyendo su empresa, Osiel también se ve sacudido en medio de oleadas de euforia. El poder lo ha metido en una burbuja que lo lleva a festejar sus traiciones sintiéndose más inteligente y afortunado que sus rivales. Entre su séquito es visto con asombro; todo momento es oportuno y placentero para celebrar la muerte de Gómez Herrera, a quien no deja descansar en paz porque repetidas veces le dice, con el valor que dan las copas y mirando fijamente la fotografía donde yace muerto: "¡Ay, pinche compadrito puto!"

Salta de gusto y se vanagloria de su osadía, de su traición. "El cártel del Golfo —grita a los cuatro vientos— ya chingó a su madre." Él, que ha padecido carencias, siente por primera vez que es dueño de algo, incluso le reclama a la vida una deuda que parece impagable. Por eso sentencia con egolatría indómita: "Ahora soy dueño de mi empresa, lo que he construido, lo mío, lo que me ha costado tanto y por lo que he puesto tantas veces en riesgo mi vida".

A pesar de sus ambiciones de poder, de acumular, de ser reconocido como jefe, en el fondo Osiel siempre se ha sentido pequeño. Con coraje y obstinación se empeña en tenerlo todo a sus pies: el control del narcotráfico, la protección del Estado, dinero a manos llenas, alcohol, mujeres, sexo... El mundo no le importa en estos momentos en los que, ante los ojos de quienes le rodean, parece un poseso, un alma tironeada por una fuerza demoniaca.

9

Los Zetas: el ejército de Osiel

Es 1998. Osiel está a punto de conquistar la cima del poder, ese anhelo cultivado pacientemente en las innumerables noches de insomnio en que, inmerso en la droga y el alcohol, suele pavonearse ante sus mujeres y sus incondicionales. Ha sabido trazar sus quimeras y se comporta como si pudiera dominarlas. Se siente poderoso y piensa que ha llegado su tiempo; pero tiene dudas, las emociones lo traicionan y entonces se vuelve frágil, queda postrado e indefenso, como cuando era niño. El miedo lo desarma y desdibuja sus sueños.

Y esas dudas surgen justo cuando está a punto de tomar definitivamente las riendas del cártel del Golfo, cuando se acerca aquello que ha visualizado y tejido sin descanso durante años.

Osiel sabrá superar esa tensión emocional. Pero antes de lograrlo debe vencer esa anarquía que lo perturba y lo hace huir de la realidad; cada minuto lo acechan los asesinatos y crímenes cometidos, todo se vuelve un infierno para él, y busca afanosamente el equilibrio. No puede dejar que nadie se asome a su interior, y menos ahora que se siente poderoso. Quizás no es consciente de que una vez que esté al frente del cártel del Golfo, los acosos serán más, mucho más impetuosos. Así sucede en ese mundo donde el poder y la violencia van inextricablemente unidos; pero no se arredra ante el escenario que se va levantando ante él. Quien tiene el poder —y ésa es una ley de la mafia— debe someterse a ese mecanismo que nutre el mundo al crimen: seguir matando. Y Osiel no será la excepción.

Pocos son los momentos en los que se siente libre en este periodo en el que aún construye el cártel. Su mente, estimulada por una insaciable hambre de poder, gira sin control, entonces siente que alguien desea arrebatarle un trono que ni siquiera le pertenece. Sabe que tiene enemigos de carne y hueso que quieren someterlo, pero él los sobredimensiona porque en realidad no sabe ni quiénes son y mucho menos cómo se comportan. Es él quien imagina, piensa, supone.

Y es que Osiel no conoce la quietud, en esos lapsos en los que ninguna amenaza se cierne sobre su entorno, basta con que se concentre en una idea para que ésta active las dudas y lo ponga a la defensiva. Y cuando se siente amenazado, no titubea en ordenar que le quiten de en medio lo que le produce esos accesos de ira, lo que cree que le estorba, así sean conocidos suyos. Es por eso que manda a sus gatilleros a que asesinen a las personas en las que ha dejado de confiar.

Quienes lo conocen, saben por qué actúa así; los que no, piensan que lo hace por el puro placer de matar. Sólo una mentalidad afiebrada como la suya es presa de esas ocurrencias demoniacas.

Como él ansía todo el poder, un día de julio de 1998 analiza el *affaire* de su seguridad y concluye que debe crear un grupo de protección tan poderoso y efectivo que ni el propio Ejército pueda abatirlo. Así, inmerso en una atmósfera convulsa, surge el grupo armado de *Los Zetas*, bien llamado el ejército del narco, para nutrir al engendro mafioso que es Osiel.

El momento que vive el país no puede ser más propicio para el surgimiento de *Los Zetas*. Quizá sin proponérselo —o bien como parte de un proyecto maquinado desde el poder, eso tal vez nunca se sepa— el gobierno federal pone la primera piedra para que el cártel del Golfo cree su propio cerco de protección con hombres entrenados en la milicia.

México enfrenta una etapa de agitación. El narcotráfico desata la violencia por doquier. La corrupción galopa como un fantasma en todas las corporaciones policiacas. La PGR comienza a desmoronarse y su poca credibilidad se opaca. Todos los procuradores que desfilan por esa institución salen convertidos en cadáveres políticos: envueltos en escándalos y desacreditados. Nadie queda a salvo; nadie puede poner freno a las matanzas. La única voluntad que se impone es la del narco, con su sello indeleble: la violencia.

A este caos debe sumarse la labor de corrupción del Ejército que llevan a cabo los narcos. Por esas fechas se descubre que oficiales de alto rango, incluso algunos que gozan de buena fama en Estados Unidos, son empleados del cártel de Juárez y del capo conocido como *El Señor de los Cielos*, quien les suministra dinero e información para combatir a los hermanos Arellano Félix, del cártel de Tijuana, sus máximos enemigos.

El cártel de Juárez cobra mayor poder en el país. Las sospechas de que se le protege desde la Sedena se confirman cuando Eduardo González Quirarte, *El Flaco*, publirrelacionista de Amado Carrillo, acude a las instalaciones de la dependencia y es recibido como si fuera un próspero empresario. Lleva una misión específica: negociar con altos mandos militares que se deje de perseguir a su jefe; a cambio, éste ofrece una suma millonaria en dólares. En el momento en que las negociaciones están encaminadas, oficialmente se anuncia la muerte de Amado Carrillo en la clínica Santa Mónica de la ciudad de México. La causa: paro respiratorio.

A ese primer acercamiento siguen otros hechos no menos escandalosos. A finales de los noventa la PGR crea la Fiscalía Especializada para la Atención de los Delitos contra la Salud (FEADS) para combatir al narco. La vida de esta dependencia es efímera. Alcanzada por los tentáculos del narco desaparece junto con la centena de funcionarios coaccionados por el crimen organizado.

Si esto ocurre en el interior de las instituciones, en el campo de batalla del narcotráfico el panorama también se agita. Previo al surgimiento de *Los Zetas*, el país es un campo fértil para el nacimiento de nuevas organizaciones criminales, que se reproducen como una epidemia inmune a cualquier antibiótico. Todos los territorios entran en ebullición. Y es en este caldo de cultivo donde comienzan a surgir, como hongos, varios cárteles. La corrupción y la protección oficial es el principal abono para que logren echar sus raíces. En Michoacán, tierra de nadie y de todos, nace el cártel de los hermanos Valencia Cornelio. Integrado por prósperos productores agrícolas, el grupo delictivo trafica con cocaína. Lo hace a través de barcos atuneros que transportan toneladas de aguacate que la familia comercializa dentro y fuera de México.

Las embarcaciones arriban a Ensenada, Baja California, por el Pacífico mexicano, y por el mar de Cortés un ejército de operadores distribuye la droga en Estados Unidos.

Durante varios años los Valencia hacen del sigilo su mejor instrumento. Comercian con drogas a gran escala y hasta tejen una sociedad con Osiel Cárdenas, quien tiene interés en afincarse en Michoacán, por donde será más fácil recibir los embarques de cocaína provenientes de Colombia. Su intermediario es Carlos Rosales, *Carlitos*.

La PGR ya le sigue los pasos a este grupo. Los fiscales antidrogas conocen los pormenores de sus actividades delictivas, y en agosto de 2001 detienen al proveedor colombiano Gino Brunetti. Durante el interrogatorio al que es sometido en la UEDO por José Luis Santiago Vasconcelos, Brunetti termina por declarar sobre sus vínculos con los hermanos Valencia Cornelio. Confiesa que Armando y Luis son la cabeza de un cártel en crecimiento, que ambos trafican con cientos de toneladas de drogas y que llevan varios años en el negocio. "Yo soy su proveedor", declara Brunetti sin inhibiciones ante el fiscal que lo interroga.

Tiempo después, un informe de la Secretaría de Seguridad Pública Federal titulado "Radiografía de las organizaciones de narcotraficantes", pone el acento en la evolución de la familia Valencia Cornelio:

A partir del año 2000 se tuvo conocimiento de la existencia de la organización de Los Valencia, una banda criminal asentada en Michoacán que se dedica al tráfico de drogas. En apariencia la familia Valencia hizo una alianza con la organización de Sinaloa y actualmente trabajan juntos en el trasiego de drogas. Los líderes del cártel de los Valencia son Luis Valencia Valencia, Óscar Nava Valencia, José Benavides Martínez, Juan Calixto Ramos Vázquez y José Silverio Martínez González.

Boyantes e impunes, los hermanos Amezcua Contreras se posicionan en Colima y buena parte del norte de México como pioneros de la comercialización de drogas sintéticas, el veneno químico. Son los primeros en traficar efedrina de Alemania, India y Mongolia, principales países exportadores de ese producto. Conocen como nadie la ruta del *éxtasis*, del *crack* y del *ice*.

En Oaxaca emerge Pedro Díaz Parada, llamado zar de la mariguana, quien se convierte en amo del tráfico de *cannabis* en el Golfo de México. En Quintana Roo —la zona más explotada por el cártel de Juárez, el aliado del sexenio zedillista—, Mario Villanueva Madrid gobierna para el narcotráfico, y a la postre se convierte en un aliado de las piezas de esa organización en el Caribe mexicano. A principios de abril de 1999, en las postrimerías de su gestión, Villanueva Madrid incluso debe huir por sus vínculos criminales. En mayo de 2001 es detenido y encarcelado. Hasta hoy permanece preso en espera de ser extraditado a Estados Unidos.

Villanueva Madrid es el primer gobernador atrapado por servir a los intereses del narcotráfico. Su caso pone en evidencia a toda la estructura del poder político mexicano, cuyo aparato, nadie lo duda ya, opera para los intereses de la mafia.

El dique de contención, las estructuras policiacas, estalla, perforado por el dinero sucio. El panorama parece tan complicado como irreversible. Es tan oscuro este México de finales de los noventa que el presidente Ernesto Zedillo toma la decisión de echar mano del Ejército para enfrentar al crimen organizado. Sin embargo, no advierte que su determinación derivará en una pesadilla.

Zedillo —cuyo gobierno termina al servicio del narco, como los anteriores y posteriores regímenes— pone en marcha la militarización de las fronteras y un programa para reforzar con efectivos militares a las corporaciones policiacas minadas por el narcotráfico. El proyecto fracasa. Los militares, antaño inmunes al dinero del narco, quedan expuestos a su contaminación. Aunque fue necesario correr el riesgo, hoy se sabe que el precio fue muy alto.

En medio del juego de intereses que se manejan desde el centro del poder, nadie sabe si Zedillo buscó atajar al narcotráfico o reforzarlo, pero mientras el último presidente priísta militarizaba el país otro plan se urdía en Matamoros: Osiel Cárdenas lleva a cabo su proyecto de crear el mayor cerco protector que jamás en la historia haya tenido un cártel del narcotráfico en México.

En su intento por frenar la oleada de violencia que azota al país, Zedillo pone al alcance de los operadores del cártel del Golfo los instrumentos para cristalizar el plan de crear otro ejército, pero al servicio del narco. Al diseminar a miles de militares por toda la República el gobierno federal facilita que muchos decidan pasarse a las filas de la delincuencia organizada atraídos por el poder del dinero. Y no se trata de simples militares, de la tropa ignorante y ruda. No: al cártel del Golfo llegan los mejor entrenados, y los más preparados en todas las disciplinas.

Durante varios días y largas noches Osiel le da vueltas a su idea. Trata de encontrar la manera de hacerlo. Mira a su alrededor en sus oficinas de Matamoros, repasa la lista de los hombres que dispone y no encuentra la solución. Su equipo de colaboradores está demasiado ocupado en tareas importantes que él mismo les ha encargado: contactar a los proveedores, recibir los cargamentos...

Cada pieza funciona como parte de un engranaje y tiene su responsabilidad asignada en la polea del cártel. Inquieto y desesperado, Osiel se pregunta en la soledad de su aposento quién puede hacerse cargo de su seguridad personal. No puede vivir todo el tiempo armado y rodeado de espejos para mirar lo que pasa a sus espaldas. No puede ya pasar más noches de vigilia imaginando complots y evadiendo a la gente. Tampoco puede mantenerse como una cuerda siempre tensa, en espera de una tragedia, de una traición. Osiel debe, y eso es precisamente lo que se propone, terminar con su pesadilla.

El capo se enfrenta a un problema mayor. No siente confianza en las personas que lo acompañan. Teme ser asesinado. La idea de una posible traición lo paraliza. El cártel del Golfo rueda en escala ascendente y el poder que ejerce es demasiado tentador como para confiarse. Osiel no sólo siente temor de morir, también le preocupa que en el país comiencen a proliferar nuevos grupos y competidores que se tornen agresivos y que ronden sus territorios de forma amenazante.

Ante ese escenario Osiel no tiene más remedio que admitir la preocupación que siente, y por primera vez se ve obligado a confesar lo que le perturba. Habla en privado con Arturo Guzmán Decena, el hombre al que está unido por una complicidad y un secreto, el asesinato de Salvador Gómez Herrera, *El Chava*. El primer paso de Osiel parece ser acertado. Guzmán Decena no es un personaje menor. Nacido en Puebla el 13 de enero de 1976, se forma en el Ejército, donde bajo el rigor castrense estudia la secundaria y la preparatoria, para después ingresar en el Grupo Aeromóvil de Fuerzas Especiales (GAFE), que se constituye desde el principio con una vocación contrainsurgente.

Habilitado como experto en explosivos, Guzmán Decena desarrolla como nadie tanto la inteligencia militar como el contraespionaje. En poco tiempo adquiere destrezas extraordinarias para anular la guerra de guerrillas. Acumula tanta experiencia por méritos propios, que se convierte en un avezado militar. A diferencia de Osiel él sí tiene arrojo, detalle que no pasa inadvertido para el ya casi jefe absoluto del cártel, quien ve en él a un hombre bien preparado y comienza a urdir la creación de un grupo de seguridad que a lo largo de los años llegará a convertirse en el más poderoso que jamás haya tenido algún cártel en América Latina, ni siquiera los colombianos.

Se sabe que una tarde de julio de 1998 Osiel le pide a Guzmán Decena que le ayude a crear el grupo protector que tanto necesita para sentirse seguro. El militar trabaja como agente de la Policía Judicial Federal y al oír la petición piensa de inmediato en llamar a sus conocidos dentro de la milicia. Aprovecha el momento crucial que enfrenta el país, el desorden, el caos, la ingobernabilidad, el desastre de una nación que ha perdido el rumbo. Como nadie, Guzmán Decena saca ventaja de la crisis que priva en el aparato de seguridad del gobierno, desgarrado por la violencia.

Efectivos del GAFE pasan a reforzar las filas de la FEADS. Quizá sin que las autoridades se lo hayan propuesto —las dudas pesan demasiado—, los soldados son puestos en las manos corruptoras del narco. Pese a la corrupción que arrastra la FEADS, la dependencia se convierte en el trampolín más importante para que los militares salten al cártel del Golfo, abandonando la lealtad castrense para ofrecérsela, por conveniencia o convicción, al jefe de la organización criminal.

Al darse cuenta de la debilidad del Estado, al ver ante sus ojos un verdadero regalo del gobierno y que lo puede tomar con sólo extender sus manos, Guzmán Decena pone en marcha la estrategia que ha maquinado después de su conversación con Osiel. Con ofrecimientos millonarios —y privilegios que un militar jamás podría obtener en el Ejército, donde una élite acapara los beneficios y canonjías— los efectivos del Ejército son convencidos de algo que las propias autoridades tardaron en entender: que el narco paga mejor que el gobierno. Dura realidad, pero ésa es la razón por la que muchos soldados desertan para engancharse en la aventura del narcotráfico.

Poco a poco, como hormigas que abandonan el agujero, decenas de soldados empiezan a desaparecer. De un día para otro ya no asisten a sus áreas de trabajo. El pase de lista obligado está plagado de silencios. Nadie responde al llamado del alto mando. La preocupación cunde por doquier. ¿Dónde están?, se preguntan una y otra vez los jefes castrenses. Por varios meses se piensa que fueron secuestrados o asesinados por la mafia. Las respuestas no llegan y la desesperación paraliza a los altos mandos de la Sedena, que deben rendir cuentas sobre el paradero de los soldados.

Con todos los conocimientos adquiridos en el Ejército, Guzmán Decena estructura otra milicia. El nombre de *Los Zetas* surge porque varios de los primeros militares que se incorporaron al cártel del Golfo estuvieron adscritos, en calidad de policías, a la base *Zeta* de Miguel Alemán, Tamaulipas. Otra versión establece que el nombre deriva de las claves que los integrantes de este grupo paramilitar utilizan para comunicarse y no ser detectados.

Con sus amplios conocimientos, pero sobre todo con su fino olfato, Guzmán Decena desmantela el equipo mejor entrenado con el que entonces contaba el Ejército. El militar que dio vida a *Los Zetas* sabe moverse como nadie dentro de la estructura castrense. Tiene amplias conexiones con generales, coroneles, mayores y se codea con la crema y nata de la milicia.

Osiel ya se puede sentir seguro. Los hombres que deciden seguirlo casi con los ojos cerrados parecen elegidos por una mente tan astuta como perversa. Esos soldados que ahora trabajan para el narcotráfico y cuidan la integridad física de Osiel son capaces de despliegues rápidos por tierra, mar y aire, de hacer emboscadas, realizar incursiones y organizar patrullas. Son francotiradores especializados, pueden asaltar edificios y realizar operaciones aeromóviles, de búsqueda y rescate de rehenes. Poseen armas de uso exclusivo de las fuerzas especiales que ninguna otra unidad militar dispone, como las pistolas HKP-7 y los fusiles G-3, a los que se les pueden incorporar lanzagranadas. El arsenal de *Los Zetas* se refuerza y es más poderoso conforme pasa el tiempo. Hacia finales de 1998 y principios de 1999 ya cuentan con ametralladoras M-16 y no faltan fusiles MGL. Cada soldado de Osiel lleva consigo una ametralladora SAW 5.5 con capacidad de 700 tiros, un fusil Rémington 700 para francotirador y una bazuca LAW sudafricana que usa el tubo antitanque.

Así, el capo se convierte en el delincuente más protegido. Antes de que alguien intente tocarle un pelo o decida encararlo, debe derribar primero a esa poderosa muralla humana. A partir de este momento el cártel del Golfo ya no puede seguir considerándose como una organización más, que rueda con sus ejes engrasados alrededor del tráfico de drogas. *Los Zetas* permiten que el cártel del Golfo se posicione en la geografía mexicana con los instrumentos más cortantes: la violencia y el miedo. Ningún otro cártel dispone de una valla como ésa y nadie le puede competir a Osiel en el campo del narcotráfico.

Nadie sabe si en el origen de *Los Zetas* el propósito consistió en implicar de lleno al Ejército en el narcotráfico como un proyecto articulado por el Estado, de manera que sólo la Presidencia de la República manejara los hilos del narco. Lo cierto es que el proyecto de Ernesto Zedillo de involucrar a los militares en la lucha antidrogas da pie a ese paramilitarismo asociado con el narcotráfico y con la más tortuosa pesadilla que jamás haya vivido el país, cuya democracia flaquea porque sigue atada a una vieja dictadura: la del narco.

Pero a Osiel no parece importarle tanto el desgajamiento del país. Él quiere seguir perforando las estructuras del poder político para mantenerse impune. El caos es su mejor elemento para vivir. Con el cerco protector en su máximo esplendor puede moverse a sus anchas. Sabe que antes de que una mano criminal lo toque, el muro de protección atacará primero, se anticipará al plan asesino en su defensa. El monstruo criminal crecerá y sembrará terror. Su evolución es tremenda. Este grupo armado que despliega saña es el reflejo de la demencia de Osiel Cárdenas.

Los primeros miembros de *Los Zetas* no rebasan los 60 hombres de todas las estaturas y rangos militares. Casi todos tienen un rasgo en común: el rostro endurecido, en el semblante las grietas que provoca el castigo y el rigor de la milicia. En otros brota de sus ojos el rencor, la frustración, y no pocos transpiran venganza, el vapor del odio que los quema por dentro.

El cerco protector de Osiel Cárdenas empieza a organizarse y distribuirse el trabajo. Pronto comienza el despliegue de este ejército en todo el Golfo de México. El viento que sopla tras estos hombres enfurecidos no borra las huellas del dolor ni del oprobio que siembran. Divididos en "estacas" (grupos no mayores de 15 hombres) ocupan las principales plazas: En Tamaulipas se afincan en Reynosa, Camargo, Miguel Alemán, Nueva Ciudad Guerrero, Matamoros. Del Golfo de México brincan al Pacífico y se adentran en Guerrero, Chiapas y Jalisco. También se interesan en otras entidades del norte y no dudan en ocupar Nuevo León y Coahuila. Desbordados esos límites, incursionan en Sinaloa, Sonora, Durango y Baja California. Sus ambiciones de dominio territorial los llevan hasta el Valle de Texas, en Estados Unidos, donde son vistos por el gobierno como una amenaza para la seguridad nacional. Los estadounidenses tienen razón, *Los Zetas* habilitan territorios como campos de entrenamiento y algunos adquieren hasta la doble nacionalidad para entrar y salir del país sin restricciones.

Con el paso de los años, *Los Zetas* dejan de ser militares puros —algunos de ellos son asesinados, otros son detenidos— pero aún hoy conservan algo de su linaje castrense, que no se perdió ni con el crimen de su fundador, Arturo Guzmán Decena, el *Z-1*, perpetrado el 21 de noviembre de 2002 cuando departía desarmado en un restaurante de la calle Herrera y Nueve de Matamoros.

Su lugar no puede ser ocupado por un improvisado. Por eso el trabajo se le encomienda a un militar de igual o mejor perfil que el propio Guzmán Decena. Su posición la toma entonces Heriberto Lazcano Lazcano, *El Lazca* o *Z-3*, metal forjado con las más altas temperaturas de la milicia, otro desertor del GAFE que también fue entrenado en diversas disciplinas y que hasta la fecha es inamovible como jefe de *Los Zetas*.

Durante su evolución *Los Zetas* llegan a tener cerca de 750 miembros. Con el paso del tiempo refuerzan su estructura con la incrustación de *kaibiles*, desertores del ejército de Guatemala que se suman al cártel del Golfo para imponer sus más sanguinarias prácticas de muerte: la tortura, la decapitación y el descuartizamiento. Amantes de la guerra, afinan tan bien su estrategia bélica, que logran infundir miedo, un paralizante miedo en todo el país y en particular entre sus rivales, quienes no tienen más opción que responder con la misma saña y con el mismo horror.

William Mendoza González (también llamado Pablo Subtiul y a quien en distintas actas ministeriales se le menciona con el sobrenombre de *El Dandy*) abre el mundo de los *kaibiles* en un testimonio ministerial tan detallado como elocuente en el que, desde los entretelones de la delincuencia, cuenta cómo se vinculó con un grupo como *Los Zetas*.

En su dicho vibrante este desertor del ejército de Guatemala mira desde su propia historia el vasto mundo desgarrador que tiene enfrente, que es al mismo tiempo el de muchos como él, y narra que dejó la milicia para ligarse al narcotráfico. William tomó la decisión mientras descansaba apaciblemente en su casa. Un día lo visita Eduardo Morales Valdez, un ex *kaibil* amigo suyo al que había conocido en el Grupo de Fuerzas Especiales del ejército guatemalteco, una suerte de paradigma sin parangón como escuela del crimen. Eduardo ya era un eslabón del narco. No sólo se lo dice a William, también se lo demuestra con hechos.

Eduardo se hacía llamar Juan Carlos Fuentes Castellanos y le gustaba que le apodasen *El Trinquetes*. Le fascinaba su apodo porque lo hacía ser visto y sentirse habilidoso en el laberinto de las trampas y el engaño. A su corta edad, 26 años, ya recluta soldados desempleados. Sin rodeos ofrece a William trabajar en México como encargado de la seguridad de un empresario. El nombre se lo reserva, pero seguramente se trata de Eduardo

Costilla, *El Coss*, segundo de Osiel Cárdenas. Sin mayores explicaciones le dice a William que ganará tres mil pesos quincenales al arranque y que luego de algunos meses de trabajo le aumentarán el sueldo al doble o al triple, según su desempeño. Como un aguijón cargado de entusiasmo, la propuesta lo penetra hasta la médula y William termina por aceptar.

Sin percibirlo ya forma parte de la amplia red tejida por *Los Zetas* en Guatemala, y desde ese momento su amigo le pide que contacte a más ex militares guatemaltecos para llevarlos a México. Así lo hace. Se comunica con 12 *kaibiles* y el 12 de mayo de 2004 todos viajan a México. Así comienzan su aventura en el mundo mafioso. Parten de Petén, Guatemala, a las 11 de la noche y llegan poco antes del amanecer a la frontera con Tenosique, en Tabasco. La porosidad de esa frontera semejaba dos puertas abiertas de par en par sin vigilancia alguna. Nadie de ellos pasa por la rigurosa revisión. Ni siquiera por el rutinario "cacheo". Como si se tratara de personas de bien las autoridades aduanales les otorgan un permiso de 72 horas para ingresar en México, luego de que los *kaibiles* explican que visitan el país para comprar algo de ropa. ¿Les creyeron o había arreglos con Aduanas? No se sabe, pero son tales las facilidades que les otorgan que poco falta para que los agentes migratorios les tiendan la alfombra roja para que crucen casi entre ovaciones.

Ya en territorio mexicano, un discreto operador del cártel del Golfo se encarga de llevarlos al puerto de Veracruz. Un día después viajan a Tampico, uno de los refugios de *Los Zetas* y el feudo de *El Coss*. Allí se hospedan con identidades falsas en un hotel de lujo, donde horas después un sujeto fornido, de rostro duro y piel atezada, que se identifica como miembro del cártel del Golfo, los recibe con un tono amable: "Sean ustedes bienvenidos al grupo de Los Zetas".

Con la incorporación de kaibiles no sólo se refuerzan los cimientos y las columnas que sostienen a Los Zetas, sino que también cambian las formas de asesinar en México. La ejecución tradicional realizada hasta entonces por un francotirador se vuelve práctica obsoleta. Los sicarios del cártel del Golfo que no son de extracción militar deben ahora decidir su futuro: incorporarse a otro cártel mostrando sus mejores credenciales como asesinos, quedarse desempleados o entrenarse para aprender a matar con mayor saña, como lo exigen las reglas de Los Zetas, quienes imponen el baño de sangre, lo mismo que la decapitación y el despedazamiento de personas. Cuando esta suerte de engendro bélico decide matar, las cabezas humanas ruedan por doquier. Entre algunos miembros de Los Zetas se cuenta que decapitan cuando las personas aún están con vida y —sólo las víctimas saben lo que ocurre en ese último segundo de su existencia— pueden tener conciencia de verse en ese estado.

Cortar cabezas se vuelve una fiebre que se extiende de Baja California a Quintana Roo. No hay una franja del territorio nacional donde no se cuente la historia de un decapitado. Cuando se trata de muertes violentas, como las del narco, los médicos forenses dejan de practicar las tradicionales necropsias para trabajar ahora con mayores dosis de horror: armar cuerpos con los despojos de que disponen. En el peor de los casos, entregan a sus deudos cadáveres incompletos, sin extremidades superiores o inferiores: sin lengua si el difunto fue un soplón; sin manos si tomó algo indebido; sin ojos si miró lo que le prohibieron ver; sin pene si rebasó límites por el impulso afiebrado del deseo.

Con la omnipresencia de *Los Zetas*, este batallón dispuesto a matar y disparar al menor movimiento de una hoja sacudida por el viento, Osiel Cárdenas se siente no sólo seguro, sino amurallado. El grupo protector crea tres y en ocasiones hasta cinco cinturones de seguridad para resguardar al jefe, quien por fin puede respirar más tranquilo en medio del fragor de esa guerra por ganar mercados, controlar territorios y evadir la justicia.

Tras largos meses de pasar noches de oscuridad, miseria y miedo, Osiel disfruta un nuevo poder naciente con la seguridad que le brinda su muralla militar. Ahora sí empiezan sus verdaderas andanzas como capo y se desplaza de un lugar a otro con mayor soltura. Puede negociar directamente con sus proveedores sudamericanos en cualquier lugar del país: en Acapulco, en Cancún, en Chiapas y en Veracruz. La ciudad de México se convierte en uno de sus refugios habituales, donde no siente miedo al desplazarse porque siempre cuenta detrás de él con miembros de *Los Zetas* que lo cuidan de cerca o se mantienen discretos a prudente distancia para actuar en caso de alguna contingencia. Al gran dique de seguridad se suman otras estrategias para blindar a Cárdenas Guillén de cualquier intento de escucha indebida que revele las coordenadas de su paradero. La mayor parte de las operaciones de narcotráfico y las órdenes al interior del cártel las acuerda él mismo por medio de un aparato telefónico. Por ello deben ser líneas seguras, impenetrables.

Pero, ¿cómo lograr que una línea telefónica sea segura en un mundo saturado de prácticas de espionaje? ¿Cómo salir bien librado en este ajetreado negocio donde la paranoia puede dar vida propia a las sombras y empujarlas a la traición?

La suerte siempre busca al que no la anhela. Sin exigirlo, Osiel tiene en sus manos una solución, al menos para evadir el rastreo de la PGR y la Sedena. Un día, *Paquito* se ve iluminado por una idea que ofrece como un acto de lealtad hacia Osiel. "A mi jefe —piensa en voz alta— nadie lo debe escuchar cuando habla por teléfono." A partir de entonces ninguna inteligencia, ni militar, ni policiaca y mucho menos criminal, podrá intervenir las líneas telefónicas del poderoso Osiel.

Para tal propósito, *Paquito* decide comprar varios celulares. Cuando reúne 30 aparatos en un cajón de madera que hace las veces de baúl, comienza a enumerarlos como si estuviera calibrando armas de alto poder.

Encerrado en una habitación empieza a pegar una cinta en cada teléfono y con un plumón anota el número correspondiente tomando en cuenta los días de cada mes. Luego, en una hoja que guarda celosamente escribe los números telefónicos para no confiarlos a su traidora memoria. El arsenal de celulares está listo para usarse. El 1º de enero, por ejemplo, Osiel utilizará el celular número uno —según las instrucciones giradas por *Paquito*— y el último día de cualquier mes el capo realizará sus llamadas por el aparato registrado con el numeral 30 o 31. Así, para que Osiel vuelva a utilizar un teléfono debe transcurrir un mes, tiempo suficiente para minar la paciencia de un espía empecinado. De esa manera logra evitar durante algún tiempo la intervención de sus comunicaciones privadas.

La estrategia crea confusión, disloca las áreas de inteligencia de la Sedena y de la PGR, pues tan pronto los espías del Ejército se dan a la tarea de rastrear la señal huidiza del número por el que Osiel hace sus llamadas, el aparato telefónico deja de usarse antes de que se apague el día. Sólo *Paquito* conoce ese secreto y los horarios en los que su jefe realiza sus llamadas.

Confiado en su protección, en su amplio dominio territorial y en su poder, Osiel comienza a visitar la ciudad de México, la urbe donde no es conocido, donde puede desafiar a las autoridades y reírse. Sabe que no llama la atención y se desplaza con tranquilidad por hoteles, restaurantes y hasta en teatros a los que acude como hombre de bien, luciendo trajes finos, perdiéndose entre la muchedumbre que se apiña en calles y centros comerciales.

Pero este hombre no puede prolongar el placer de su seguridad. Nada permanece quieto en su entorno; nuevas marejadas de inestabilidad lo sacuden al verse imbuido en sobresaltos y persecuciones provocados desde el extranjero. El gobierno de Estados Unidos, juez del mundo en materia antidrogas, presiona al gobierno de México para que Osiel sea detenido tras haber amenazado de muerte a dos policías del vecino país que realizaban ilegalmente investigaciones en los territorios del cártel del Golfo.

En noviembre de 1999 un periodista sirve de guía a Daniel Fuentes y Joseph Dubois, uno agente del FBI, el otro de la DEA, para localizar los escondites de Cárdenas Guillén en Matamoros.

Osiel es un benefactor social en su tierra, ha tejido complicidades, y en poblaciones urbanas y rurales le guardan tanta estima como respeto. No faltan las voces indiscretas que lo enteran de que policías estadounidenses siguen sus pasos. Siente que su territorio ha sido violado por estos intrusos y sale al encuentro de sus perseguidores con un grupo de sicarios decididos a matar.

Osiel y José Manuel Garza Rendón, *La Brocha*, amenazan de muerte a los agentes estadounidenses. Los encañonan con sus AR-15 y cuando están a punto de matarlos, cuando parece que nada puede frenar la decisión, un golpe de suerte salva de la muerte a los intrusos investigadores. Osiel mide en fracciones de segundos —algo poco común en este hombre que actúa por impulsos— el alcance que puede tener darles muerte a los agentes y decide sólo echarlos de su terruño, no sin antes gritarles encolerizado: "¡No se vuelvan a meter a mis dominios, hijos de perra, porque se mueren!"

La intercepción de los agentes deriva en agitación dentro y fuera de México. El escándalo estalla en Estados Unidos cuando el procurador mexicano, Jorge Madrazo, está de visita en Washington, donde asiste a una reunión del gabinete de seguridad de ese país. Lo acompaña Mariano Herrán Salvatti, zar antidrogas. Los representantes de la DEA y del FBI les detallan los pormenores del incidente ocurrido horas antes en México y del que nada saben los funcionarios. Le ordenan detener a Osiel, y cuando mencionan el nombre del capo, Madrazo y Herrán no entienden a quién se refieren sus contrapartes estadounidenses. De inmediato el procurador Madrazo llama a su oficina de la ciudad de México y pide hablar con José Luis Santiago Vasconcelos, a quien solicita información "sobre un tal Osiel Cárdenas", que secuestró y amenazó de muerte a dos agentes estadounidenses en Tamaulipas.

Vasconcelos hurga en sus archivos. Pero en los expedientes criminales sólo hay vagos registros de que Cárdenas Guillén se dedica al robo de autos, que distribuye drogas a granel y que se fugó de un arraigo junto con Salvador Gómez Herrera. Se ignora, o así lo finge la PGR, que ese personaje sea la cabeza de una organización criminal reconstruida. Ésta es la razón por la que Estados Unidos lo quiere vivo o muerto. Los agentes de ese país llegan a ofrecer una recompensa de dos millones de dólares por su cabeza. Por órdenes del gobierno estadounidense, a las que México se ciñe con obediencia, la administración de Ernesto Zedillo pone en marcha un fuerte operativo militar y policiaco en Tamaulipas para detener a Osiel Cárdenas. El desplazamiento de las fuerzas federales es aparatoso. Helicópteros blindados sobrevuelan las ciudades de Reynosa, Matamoros y Nuevo Laredo.

Convoyes repletos de hombres armados y vestidos de verde olivo patrullan calles y avenidas. Van de pie, mirando fijamente, despojados del asombro, como buscando sin querer encontrar. Por supuesto, el jefe del cártel del Golfo y su red de *Zetas* tienen conocimiento del golpe que se prepara y toman todas las medidas para protegerse. En una reunión a la que asisten sus operadores, efectuada en Punto Roma, una de sus casas de seguridad de Matamoros, Osiel expresa su preocupación: "Las cosas se van a poner difíciles", les dice a sus allegados.

Pero el habilidoso Osiel, que durante mucho tiempo zigzaguea entre la seguridad y constantes sacudidas, esta vez centra su brújula y no permite que se le sorprenda. Cuando el Ejército toma el control de Tamaulipas todo el cártel ya se ha diseminado. Buena parte de los miembros de la organización descansan en playas del Caribe y del Pacífico y hasta agradecen al gobierno estas acometidas porque sólo así, comentan entre ellos, "se pueden tomar unas vacaciones y equilibrar los nervios".

En Tamaulipas todas las propiedades del cártel del Golfo son abandonadas. Los centros de operaciones Punto Bomberos, Punto Romy, Punto Doctor, Punto litro 1, Punto litro 2, Punto Alacrán, Punto León, Casa Chica, Punto Gimnasio y otros escondrijos de Osiel en Matamoros y Reynosa lucen cerrados ante los ojos de los soldados y policías. La oscuridad y el silencio reinan en estas discretas propiedades del corporativo criminal que funcionan como oficinas de enlace con exportadores de cocaína sudamericanos.

En Osiel vuelve a aparecer el miedo. Pero esta vez no lo atenaza ni lo paraliza, sino que se vuelve su aliado y lo aleja de la tormenta que lo persigue. Osiel viaja al municipio de China, Nuevo León, donde se esconde durante varios días en el rancho Las Amarillas, un predio que le compra a Humberto García Ábrego a través de Juan Guerrero Chapa, a la postre su defensor.

El operativo militar dura varias semanas. El Ejército "peina" todos los rincones de Tamaulipas pero de Osiel no quedan ni las huellas. Mientras la tensión va en aumento algunos socios de Osiel —Víctor Manuel Vázquez Mireles, Francisco Suárez Vázquez, Pablo Cano, Rafael Gómez Garza— ya esperan el fin de año y la llegada del nuevo milenio hospedados cómodamente en el hotel Coral Beach (Fiesta Americana) de Cancún, Quintana Roo. El operativo fracasa, y días después Osiel se suma al grupo que disfruta de sus vacaciones en las aguas del Caribe mexicano. A salvo de nuevo, Osiel se dispone a tomar un largo descanso y para ello se le reserva la suite presidencial.

El final de 1999 se acerca. En punto de las 10 de la noche del 31 de diciembre el equipo de trabajo de Osiel arriba a la discoteca Crispín de la zona hotelera de Cancún y se acomodan en distintas mesas, piden alcohol —whisky, ron, tequila, cervezas—, y no faltan las dosis de cocaína "lavada" con sabor a fresa o menta para disfrutar la velada y emprender un largo viaje fuera de la realidad. En su etapa más fulgurante como narcotraficante el gusto por la buena vida burbujea en su interior como champagne recién servido.

El año finaliza entre abrazos y promesas. El 2000 abre nuevos horizontes para Osiel y su cártel. Siempre desconfiado, el capo decide no ir a Matamoros. Prefiere afincarse en la ciudad de México durante un tiempo. Sólo hace algunos viajes en secreto a Tamaulipas y regresa a la capital.

El centro Santa Fe, frecuentemente atestado de las familias más ricas de México, es uno de sus sitios preferidos para deambular como turista con los ojos cubiertos por el camuflaje más socorrido de mafiosos y no mafiosos: los lentes oscuros.

Prefiere no llamar la atención y deja en Matamoros su camioneta Cherokee blindaba. Entonces pide que lo trasladen por carretera en un automóvil deportivo Jetta VR6 y para circular por las arterias de la ciudad de México prefiere un Volkswagen sedán blanco.

Se aloja en un hotel de paso para descansar algunas horas. Antes de realizar sus trayectos se quita los trajes finos y se enfunda ropa deportiva: pants, playeras, tenis y una gorra de beisbolista. No necesita más. Se acomoda en el asiento del copiloto, se baja la visera e inclina ligeramente la cabeza, como si estuviera leyendo, como si dormitara después de acumular los sueños interrumpidos de varias noches. Le pide a su chofer que conduzca despacio, que no se pase los altos y que no rebase a los automóviles para no incurrir en alguna infracción que le ponga en riesgo. Teme que la policía capitalina que sirve a otros cárteles lo detenga.

Cansado de estar encerrado en distintas casas de seguridad, donde vive rodeado de centinelas, desea experimentar un poco de libertad y, como si nada debiera ni temiera, elige un día o dos para pasear. De pronto quiere ir a comer al restaurante Camarones o al Rincón Argentino de Polanco y tomar tequila Don Julio, una de sus bebidas preferidas. Sus cuentas las paga en moneda nacional, a diferencia de otros capos que prefieren hacerlo en dólares. Boyante, capo en jauja, Osiel gasta tanto dinero como lo gana.

En 2000, la nómina del cártel que comprende pagos a los empleados, sobornos a policías y militares, mantenimiento de la infraestructura de su empresa, compra de vehículos, viajes, comidas, regalos… supera los dos millones y medio de dólares mensuales. Tan sólo los gastos personales de Osiel suman cinco millones de pesos al mes, pues el capo ha decidido llevar una vida de lujo pero cubierta por el velo del sigilo que a veces le cuesta altas cantidades en propinas. Cuando lo ven departir con amigos y socios, los meseros y capitanes de restaurantes dan por hecho que ese personaje al que atienden tiene toda la pinta de un narcotraficante, o al menos lo sospechan. Osiel, que percibe esas miradas extrañas, cierra los ojos que lo observan con el poder irresistible del dinero. Enseguida envía a un hombre de su confianza a repartir atenciones monetarias entre todo el personal del lugar. Sólo así las miradas curiosas se transforman en sonrisas y no faltan quienes le dicen con sobrada deferencia: "Gracias, señor".

Osiel se siente tan libre que incluso desafía sus propios límites. Ese año, cuando arranca la campaña de Vicente Fox Quesada como candidato panista a la Presidencia de la República, el capo bordea lo temerario. El hotel Fiesta Americana de la avenida Reforma parece un cuartel militar. De hecho lo es. Osiel transita por la iluminada vía cuando un impulso lo acomete. Quiere pasar la noche en el hotel donde está alojado el candidato presidencial.

Soldados y personal del Estado Mayor Presidencial vigilan los alrededores de ese aposento. El abanderado del PAN ha rentado todo un piso y decenas de habitaciones para la comitiva que le acompaña en su periplo por el país.

La noche ha caído y el capo se siente cansado. Ha permanecido en actividad varias horas. El acompañante de Osiel cree que irán a un hotel discreto de la periferia de la ciudad para descansar del ajetreo del día, pero salta sorprendido al escuchar que el jefe del cártel del Golfo le pide que se acerque al Fiesta Americana porque ahí es donde quiere dormir. "Me encantaría dormir en una cómoda suite y tomarme unos tragos", le dice el capo.

El chofer lo mira de soslayo y no duda en preguntarle con pasmo si está loco. Osiel ríe con sarcasmo y le dice: "No, no estoy loco. Ese lugar —y señala el hotel Fiesta Americana desde el interior del vehículo— es el más seguro del mundo".

Y tal como lo decide, Osiel pasa cómodamente la noche en el "hotel más seguro del mundo" sin que nadie advirtiera su presencia. En otra ocasión termina sus actividades casi exhausto y decide hospedarse en el Sevilla Palace de Reforma, y en otra elige el Marriot de Campos Elíseos, en Polanco. Así se consiente Osiel, aunque a menudo y por seguridad se aloja en hoteles conocidos pero no céntricos, como el Flamingo de la avenida Revolución; el Royal de Perisur, el Fiesta Inn de Periférico, y el Holiday Inn. También recorre el centro comercial de Santa Fe, pasa algunas horas en la plaza conocida como Mundo E y hasta le da por ir al teatro, al Polyforum Siqueiros, en el que entra al atardecer, poco después de comer en el restaurante Angus de Insurgentes, moviendo los ojos como búho cuando ve pasar una presa.

Al capo lo invade la rutina y terminan por hastiarlo los hoteles. Ya no quiere inventar nombres cuando se registra en la recepción y resuelve su conflicto comprando una residencia. Le gusta una casa fastuosa localizada en Bosque de Tejocotes número 9, en Bosques de Las Lomas. A partir de 2001 ése se convierte en su refugio más seguro; tanto, que la Navidad de ese año la festeja precisamente en su lujoso espacio acompañado de familiares y amigos.

La noche del 24 de diciembre de ese año prepara una fiesta. El menú: pavo, pierna horneada, variadas ensaladas, tequila Don Julio, whisky Buchanan's 18 años, champagne Don Perignon, coñac.

Los anfitriones: Osiel Cárdenas, su esposa Celia Salinas Aguilar, y sus hijos Celia Marlén, Osiel y Grecia. También está presente, como parte de la familia, Ramiro Hernández García, *El Matty*, asesor de Osiel en la planeación y compra de cocaína.

Los invitados: Javier Solís Garduza, *El Loro Huasteco* o *Javier*; Francisco Suárez Vázquez, *El Lobo*, responsable de pagar las cuotas a policías y comandantes, así como de transportar carros blindados robados de México a Matamoros. Cómodamente sentado también está presente en la fiesta Juan Gilberto Meléndez Gómez, encargado de la contabilidad del cártel, y Francisco Vázquez, *Paquito*. Todos los asistentes están acompañados de sus respectivas esposas, hijos, sobrinos, suegras, cuñados y otros familiares.

Comienza la cena. Un nutrido equipo de meseros sirve los bocadillos, destapan las botellas de licor, vuelan por doquier los corchos del champagne que, burbujeante, es servido en copas de cristal cortado. Antes del primer brindis se arrancan tocando los mariachis y Osiel ordena que no paren de cantar hasta el amanecer. A las cuatro de la madrugada se callan las trompetas y los violines descansan. El mariachi se marcha y Osiel sale disparado tras ellos rumbo a otra de sus casas de seguridad localizada en Paseos de Taxqueña, al sur de la ciudad de México, donde sigue la fiesta con otros amigos y socios.

Siete días después, la casa de Las Lomas vuelve a ser punto de encuentro, esta vez para festejar el fin de año. Nuevamente Osiel, su esposa y sus hijos son los anfitriones. Los invitados son Francisco Suárez Vázquez, *El Lobo*; Francisco Vázquez, *Paquito*; Humberto Hernández Medrano, *Don Beto*, y el doctor Jorge Ríos Neri, otro de los confidentes de Osiel. Ameniza el convivio un grupo de mariachis. La cena se prolonga hasta las tres de la madrugada entre risas, gritos y choques de copas. Después de la fiesta, el silencio vuelve a reinar en la residencia. Las luces se apagan y Osiel no vuelve a esa casa hasta varios meses después, esa vez para cerrar un negocio de drogas con sus proveedores colombianos.

En esos momentos Osiel Cárdenas vive en la opulencia: impune y tan millonario como poderoso. Pero nada es perenne, pues su tragedia se aproxima peligrosamente. Una gitana lee las líneas de su mano izquierda y le presagia su desgracia con una adivinación que el propio Osiel se encargará poco después de hacer realidad.

10

El presagio de la gitana

Los buenos augurios se esfuman en la vida de Osiel Cárdenas al iniciarse el año 2002. Las alegrías y los progresos son fugaces, como todo lo que rodea a este ser insaciable de poder. A cada logro —cerrar un negocio, colocar un cuantioso cargamento de drogas en Estados Unidos— le sigue un infortunio y las desgracias le persiguen. Desde los primeros meses del nuevo año, sus días y noches vuelven a estar marcadas por constantes huidas y sobresaltos.

No es para menos. El Ejército y la Policía Federal lo persiguen y sus cómplices dentro de estas instituciones, otrora poderosos, comienzan a mostrarse impotentes ante las presiones que provienen de Estados Unidos, la autoridad que rige las reglas del tráfico de drogas en buena parte del mundo.

El sexenio de Vicente Fox se ve de pronto inmerso en una marejada de violencia incontenible. Lanzando escopetazos al aire, Fox no le declara la guerra al narcotráfico en general sino a dos cárteles en particular: el de Tijuana y el del Golfo. A salvo siempre queda Sinaloa y su jefe Joaquín Guzmán Loera, *El Chapo*, que goza de su primer año de libertad luego de fugarse del penal de Puente Grande, Jalisco, donde controlaba todo, era dueño de vidas y voluntades.

El estado de Tamaulipas, acometido por las huestes de Guzmán Loera, parece un campo de batalla al arrancar el nuevo año. Atribulado por la arremetida oficial y las presiones económicas derivadas del fracaso de múltiples negocios —mala racha del cártel que preocupa a sus proveedores colombianos—, Osiel decide no pisar su tierra natal, pues sus casas han sido cateadas. Ningún escondite —salvo el rancho La Trementina y una residencia, en el estado de Jalisco— le ofrece un mínimo de confianza y seguridad.

El encierro le aterra, y es en ese enclaustramiento casi monacal donde el capo enfrenta su prueba más dura. De repente se convierte en una suerte de criatura errante y prefiere dirigir su organización criminal desde cualquier sitio del país y, al mismo tiempo, desde ninguno. El propio hombre que, con el poder de las balas, se convirtiera en el líder de los nuevos ramajes del cártel del Golfo, ahora parece quebrarse ante las persecuciones y la falta de descanso.

Sólo puede dormitar a ratos y por breves momentos, apenas suficientes para medio recuperar sus fuerzas, pues permanece atosigado por exigencias y preocupaciones que no le dan sosiego. Las personas que lo vieron en esa etapa de agitación cuentan que tan pronto como cerraba inconscientemente los ojos y la cabeza se inclinaba rendida por la fatiga, en segundos un sobresalto lo ponía de pie para preguntar inmediatamente qué había pasado y dónde estaba, señal de que regresaba del abismo de una pesadilla.

Para Osiel las presiones aumentan cuando se entera de que Estados Unidos lo quiere vivo o muerto; a través de sus informantes se entera que le exigen al gobierno de México su captura. Pero los resortes del poder político que le protegen aún están bajo su control y mantienen el hermetismo que da la seguridad. Falta tiempo para que el capo del Golfo sea detenido.

Osiel ya sabe que el tiempo se le acorta porque ha tocado la fibra más sensible de los estadounidenses. Al otro lado de la frontera no le perdonan que haya amenazado de muerte a los agentes Joseph Dubois, de la DEA, y Daniel Fuentes, del FBI. No olvidan que él estuvo a escasos segundos de asesinarlos y, quizá, de sepultarlos bajo gruesas capas de cemento, de incinerarlos o bien de deshacerlos en ácido o sosa cáustica, como estila desaparecer a sus rivales.

El gobierno de Estados Unidos insiste en vengar esta afrenta. Con su osadía, con la bravuconería alimentada por el exceso de poder que siempre ha ostentado, el capo ha cavado su propia tumba, se ha echado encima el poder del imperio. A través de sus agencias de inteligencia y de informantes comienzan a rastrear a Osiel por todos los rincones y escondrijos a donde va. Se ha prendido la maquinaria más poderosa y no detendrá su marcha hasta tenerlo entre las garras de su justicia.

El rompecabezas del cártel, en cuya solidez siempre confió Osiel, comienza a desmoronarse por detenciones y decenas de muertes. Mermados por las mismas causas, *Los Zetas* se muestran ya insuficientes. El grupo se divide: una parte queda a cargo de la seguridad del jefe, y la otra cae presa del

tentador negocio del tráfico de drogas. Pese a este debilitamiento propio del caos, la seguridad física de Osiel aún está
a salvo, pero la de su interior nadie la puede garantizar. Sólo
un ataúd, donde su cuerpo descanse yerto, podría frenar la
persecución.

Pero a Osiel todavía no le está permitido morir de un
padecimiento natural. Es un hombre sano físicamente y ni
siquiera piensa fugarse por la puerta del suicidio como lo hizo
el legendario Pablo Acosta —cacique y narco de Ojinaga,
Chihuahua— en abril de 1987, cuando su rancho ya estaba
rodeado por las fuerzas federales y se disponían a capturarlo.
Osiel tampoco busca entregarse como lo intentó sin éxito su antecesor, Juan García Ábrego, en un acto de cobar-
día, al verse sumido en la desgracia y sin protección oficial.

No. Osiel, el capo más joven de su tiempo, prefiere seguir
huyendo como desaforado, sorteando el día a día porque en el
narcotráfico no hay futuro, y manejando su empresa mientras
salta de un lugar a otro sin reposo. Si hoy está en Matamoros,
por la noche duerme en la ciudad de México y al día siguiente
despierta en Cuernavaca; un día después estará en Querétaro
y el resto de la semana es posible que nadie sepa dónde ha
recalado, pues a Osiel también le gusta jugar con el misterio.
De pronto el único hilo de comunicación, el celular, se apaga
y nadie puede contactarlo. Ni siquiera sus familiares, a los que
a menudo deja de ver durante periodos prolongados. Pasan
los días y todo parece indicar que se lo ha tragado la tierra,
hasta que vuelve a dar señales de vida desde algún rincón
del país para saber cómo marcha el negocio y girar algunas
instrucciones. Quien recibe las órdenes es Eduardo Costilla

Sánchez, *El Coss*, su hombre de confianza, el que representa sus intereses dentro del cártel ante su prolongada ausencia.

Como algunos de sus contactos en la milicia y en la policía le han informado que los sitios a donde suele llegar ya son conocidos, Osiel decide no hospedarse más en hoteles. Tampoco desea refugiarse en su lujosa casa de Bosques de Las Lomas y rechaza la idea de mantenerse oculto en sus escondites de Matamoros. Cateadas por la policía, varias de esas casas han dejado de ser seguras.

Esta vez Cárdenas Guillén, el eterno huidizo, el hombre sin reposo, se esconde por varios días en el único sitio que nadie conoce: su residencia de Tomatlán, Jalisco, y pasa la mayor parte del tiempo entre la muchedumbre apiñada en una playa de Puerto Vallarta. Sólo entre las murallas humanas se siente protegido el más nómada de los capos.

Aquella atmósfera le agrada cada vez más. Algo de reposo tiene cuando soplan los aires del Pacífico en ese territorio dominado por su enemigo, Joaquín Guzmán Loera, *El Chapo*, el hombre más protegido del sexenio foxista. Osiel Cárdenas sabe que únicamente en ese terruño puede estar a salvo durante algunos días.

Pero no se confía. Con una semana de descanso tiene suficiente para reponer energías, templar sus crispados nervios y continuar la batalla que, como bien sabe, ahora se torna más fuerte. Viaja a Tamaulipas y tan pronto sus cómplices en el gobierno —la mayoría de ellos militares y policías— le informan sobre el despliegue de otros operativos, no duda en abandonar el Golfo de México y se traslada de nuevo a Jalisco. En Tomatlán y otras demarcaciones de esa entidad

—otrora cuna del cártel del Pacífico— a Osiel se le conoce desde 1999 con un nombre falso: Alberto Salazar González. Para no despertar sospechas, para que ningún ojo curioso fije la atención en su persona, entre la comunidad se hizo pasar como ingeniero e importante proveedor de Petróleos Mexicanos. Por un tiempo este disfraz de empresario, bastante socorrido por los narcos, le funciona a la perfección para ocultar su verdadera identidad.

Y mientras en las principales plazas del cártel del Golfo el ambiente es tórrido, Osiel descansa y espera que cese la arremetida gubernamental en compañía de *Paquito*, su centinela, su fiel guardián, el que no repara en nada si se trata de complacer a su jefe. Apenas observa que Osiel se dirige a la playa, pisa la fina arena del mar y el agua espumosa baña sus pies, el comedido asistente se apresura a colocar bajo una sombrilla una hielera atiborrada de alimentos y bebidas: latas de mariscos, cervezas, vinos, brandy, whisky, agua... Todo lo que le gusta comer y beber al capo tamaulipeco.

El 3 de enero de 2002 el día se levanta con un sol fulgurante. En el mar ondean a la distancia hilos de plata y el agua es como un juego de espejos en movimiento. Osiel se estira a todo lo largo sobre la arena blanca y se abandona a las fuerzas del destino.

A menos de dos metros, *Paquito* no desvía la mirada de su patrón, que reposa aparentemente despreocupado. Está atento a cualquiera de sus movimientos. Cuando Osiel Cárdenas levanta la mano derecha el obediente mancebo acude al llamado y sirve una cerveza helada que el jefe del cártel del Golfo bebe con placer. En aquel momento apacible, como pocos en su vida, todo parece imperturbable. La agitación interior que siente Osiel desciende al contemplar a niños y adultos cavar en la arena o correr tras un balón, y luego al sentir en la piel el viento que atrae los gritos desde la lejanía. Es impensable que todo aquello no remueva gratos y tristes recuerdos de su infancia. En cualquier dirección bellas mujeres de cuerpos esculpidos broncean su piel bajo el sol ardiente mientras, fija en el horizonte, la mirada del capo se pierde en el eterno vaivén del Pacífico.

Pero todo pasa con rapidez, como si una mano aviesa acelerara el discurrir del tiempo. Osiel Cárdenas no está destinado para la contemplación y la quietud. La perturbación retorna y reclama espacio en su tenso cuerpo. A la distancia se divisa una mujer de atuendos ondeantes que camina por la playa y se acerca a la gente que descansa. Sus largos aretes se mecen al ritmo de sus pasos firmes. Anda a la caza de supersticiosos, comerciando con el don de la adivinación.

"Te leo la mano, amigo, te adivino la suerte, tu futuro", ofrece caminando entre la gente que la rechaza con un "no, gracias".

La mujer sigue caminando y se aproxima a Osiel, que abre los ojos cuando una sombra le cubre el rostro y escucha la voz melodiosa de la gitana: "¿Te puedo leer la mano, tu suerte y tu futuro?"

Envuelto en la espesa neblina de las dudas, el encanto de la gitana resulta infalible para Osiel Cárdenas, que se incorpora como si lo hubieran sacudido. Con una transparencia sorprendente el capo pregunta si ve en sus manos la cárcel, las rejas o la muerte. La gitana observa las líneas de la mano izquierda de Osiel —la que los gitanos prefieren leer porque contiene la información con la que se nace, según su sabiduría— y le responde: "No hay cárcel ni muerte ni rejas, pero sí veo a una persona de tez blanca, que está muy cerca de ti y que hablará de muchos secretos tuyos".

Osiel se queda perplejo. El primer rostro que se dibuja en su afiebrada mente es el de *Paquito*, quien se desempeña como su asistente personal desde hace más de tres años. Sin el más mínimo reparo, envuelto en presagios ominosos, despide a la gitana no sin antes pagarle por su servicio. Medita un largo rato y no duda un ápice en ordenarle a Heriberto Lazcano Lazcano, *Lazca*, jefe de *Los Zetas*, que asesine a *Paquito*, quien desde ese momento ya es visto por Osiel como un traidor.

El presagio de la gitana fue el detonante de una crisis de mayores dimensiones dentro del cártel del Golfo. Con el transcurso de los meses, Osiel se muestra cansado, hastiado por los problemas y harto de vivir a salto de mata. En no pocas ocasiones fue visto por sus socios derrumbarse en una cama casi exhausto. Las presiones lo consumen porque unos 200 miembros de la organización exigen sus pagos; sus informantes y protectores han dejado de recibir los 100 mil dólares semanales por sus servicios; los proveedores colombianos le van cerrando la llave del suministro, y peor aún, la persecución militar y policiaca traba la marcha del negocio y le impide colocar cargamentos de droga en Estados Unidos. Pero el mayor enfado lo enfrenta en el interior del cártel: sus principales elementos, como Víctor Manuel Vázquez Mireles, comienzan a perder la cabeza, y a pasar más tiempo de la cuenta en holgazanerías, en estado de ebriedad, y visitando burdeles. En distintas ocasiones, Osiel, el eterno desordenado, se molesta y llama a la disciplina: "¡Hijos de puta, cuídense, no se expongan y guarden su dinero porque algún día esto se va a acabar!" Pero sus palabras carecen de fuerza en ese momento. Ningún orden puede lograrse por decreto y menos aún si la cabeza de la empresa criminal no ha decidido cambiar, como demostrará más tarde aferrándose al poder.

Los infortunios acosan a Osiel por todos los frentes. Uno de ellos, el más débil, es la familia. Su esposa, Celia Salinas, no puede aguantar más el peso de las circunstancias y se refugia en una iglesia evangélica de la colonia La Esperanza, en Matamoros. La pesadumbre y el hartazgo también han minado sus fuerzas y han frustrado su esperanza de tener un hogar y una familia integrada. Osiel se da cuenta del desconcierto que impera en el seno familiar —que sin duda le evoca sus aciagos días de infancia— y de cómo ha arrastrado lo que más ama al caos y a la desdicha. Y aunque nada puede hacer, porque si se une a su familia aumenta el riesgo de ser ubicado y aprehendido, les confiesa a sus allegados su deseo de retirarse de la organización. Expresa con disgusto que no quiere saber nada de problemas y presiones. Y en un grito de desesperación le dice a sus subalternos: "Les doy mi palabra que si me voy por un tiempo no habrá problemas con los gastos de nuestras familias".

Este momento resulta clave. Osiel tiene resuelto el futuro del cártel con la decisión de retirarse. Le comunica a su círculo próximo que Eduardo Costilla, *El Coss*, lo relevará en la jefatura del grupo criminal. Pero Osiel Cárdenas, y quizá éste fue su mayor error, no renuncia a su adicción más destructiva: el poder. Su vida sólo parece tener sentido siempre y cuando permanezca atada a los reflectores, aunque contradictoriamente busca no ser perseguido.

Y ésa es la trampa de su existencia trágica. Cuando su conducta debió acomodarse a un bajo perfil, como el de un buen capo que vive oculto entre las sombras y al mismo tiempo ejerce el poder, la parte demoniaca de ese poder que siente como una extensión de su cuerpo lo enferma aún más. Osiel quiere demostrar que sigue siendo fuerte. La locura lo envuelve de nuevo, y lo que era importante deja de serlo: la familia pasa a segundo término. Le está negado tener un hogar feliz y al mismo tiempo detentar el control mafioso. Los amigos se vuelven enemigos. Los rivales lo acechan. Es tan perturbadora la duda que se le ha metido en la cabeza sobre la lealtad de *Paquito*, que ordena en tres ocasiones más —entre el 15 de noviembre de 2001 y el 12 de enero de 2002— que lo asesinen.

Paquito se entera por voz de Pablo Cano, catador de cocaína del cártel, que Osiel quiere verlo muerto. No da crédito a lo que escucha, pero toma sus precauciones. Sabe que en todo se puede ganar si se tienen manos hábiles y osadas relaciones en la compañía Osiel Cárdenas-cártel del Golfo. Es por ello que sus amigos le advierten y también le aconsejan: "El patrón quiere que te maten, habla con él".

Paquito tantea el terreno. No se arredra ante el poder de Osiel y no le evade la mirada. Le pregunta por qué quiere asesinarlo. Osiel lo niega, pero un dejo de verdad se asoma perversamente. De inmediato Osiel Cárdenas quiere saber quién le ha dicho "semejante barbaridad". *Paquito* suelta lo que sabe:

—Estoy enterado de que usted ha ordenado cuatro veces que me maten.

Osiel responde con una pregunta:

—¿Me has hecho algo?

—No. Sólo servirle, cuidarle y atender a su familia —dice *Paquito.*

—¿Entonces? —inquiere Osiel.

—Pues no sé usted...

—No es así, no hagas caso de chismes, están locos...

Lo cierto es que Osiel sí quiere quitar de en medio al personaje que más sabe de sus movimientos y su vida personal, quien lo ha visto dormir, sonreír y llorar, y quien en los peores momentos, hasta ha escuchado cuando ordenaba los asesinatos de rivales y amigos. Osiel teme que su hombre más cercano lo traicione. Tanto es el odio desatado hacia su fiel mancebo que éste tiene que abandonar la organización, y echar a correr para salvar su vida. Sin embargo, en enero de 2002 es aprehendido por la Policía Judicial Federal. El día 12 de ese mismo mes, *Paquito* acepta acogerse al programa de testigos protegidos de la Procuraduría General de la República. El presagio de la gitana se cumple. Al interior del cártel crecen las divisiones y las discordias. La suerte de Osiel, ya nadie lo duda, está echada. El plan para su captura comienza a urdirse en la Sedena. Un nutrido equipo de militares adscritos al Centro de Inteligencia Antinarcóticos (Cian) trabaja afanosamente en su localización mediante lo que mejor saben hacer: las intervenciones telefónicas, a través de las cuales el capo es rastreado en todos los rincones del país. Meses después, cuando cierta calma sopla en el Golfo de México, cuando la agitación en torno al grupo de Osiel baja de intensidad y las aguas vuelven a su cauce, el poder del más escurridizo de los narcotraficantes comienza a extinguirse.

11

La captura

El imperio construido por Osiel Cárdenas ya está en el punto de la mira del Ejército mexicano y del gobierno de Estados Unidos. El hombre del que dependen unas 200 personas directamente, cuyas ganancias fueron de hasta 10 millones de dólares mensuales en el año 2002, tiene sus días contados en el negocio del narcotráfico. Éste es el momento decisivo. Convertido en una figura perturbadora para la administración de Vicente Fox y para la frontera estadounidense, las autoridades de Estados Unidos ofrecen dos millones de dólares por su cabeza. Como ha entrado en liza con Joaquín Guzmán Loera, *El Chapo*, Tamaulipas es un territorio "caliente", como se dice en el argot mafioso cuando un lugar está revuelto y agitado por la violencia.

Tan pronto como Francisco Alberto Vázquez Guzmán se convierte en testigo protegido de la PGR, y le asignan el nombre de *Rufino* como clave, comienza a tejerse el más voluminoso expediente en contra del cártel del Golfo. A partir de entonces, su líder, Osiel Cárdenas, se convierte en una sombra danzante en el país. La PGR obtiene información clave de los movimientos del cártel, completa la lista de los hombres que conforman el grupo de *Los Zetas*, responsables de la seguridad de Osiel, y localiza cientos de propiedades de la organización criminal —casas, ranchos, cuentas bancarias y vehículos— aseguradas tiempo después por el gobierno federal como producto del narcotráfico.

El testigo estelar desnuda sin cortapisas al primer círculo directivo del cártel del Golfo, del que él mismo formó parte desempeñando el oficio de asistente personal de Cárdenas Guillén. En declaraciones ministeriales habla de Osiel como el máximo jefe del cártel. Y enseguida menciona que también forman parte de esa estructura criminal sus hermanos Mario, Homero y Ezequiel Cárdenas; señala a Heriberto Lazcano como el jefe de *Los Zetas* y a Jorge Eduardo Costilla Sánchez —*Costilla* o *El Coss*— como el subjefe del cártel, el segundo hombre más importante en el escalafón de la empresa criminal. Decenas de personas más son aventadas a la hoguera por el testigo protegido, a quien no le perdonarán su osadía.

Con base en testimoniales, la PGR construye la radiografía del cártel del Golfo, el grupo mafioso que, años atrás, oficialmente se había extinguido. La autoridades dijeron que tras la captura de Juan García Ábrego en Tamaulipas ya no quedaban ni los escombros del viejo cártel.

Paquito, en distintas ocasiones, durante sus declaraciones ministeriales, levanta el telón y saca a relucir las muertes que ordenó Osiel Cárdenas, a quien califica como "un engendro del mal" porque posee "una mente diabólica". A lo largo de esta investigación biográfica se tuvo acceso a uno de sus testimonios rendido el 29 de agosto de 2007, cinco años y siete meses después de su detención. Vibrante es lo que narra el antiguo asistente de Osiel a propósito de la detención, en agosto de 2007, de Juan Carlos de la Cruz Reyna, alias *JC*, enlace entre el cártel del Golfo y proveedores colombianos.

Así lo cuenta:

Juan Carlos de la Cruz Reyna, alias *El JC*, fue policía ministerial del estado de Tamaulipas y pertenecía a la célula de Víctor Manuel Vázquez Mireles, alias *Meme El Cabezón*, con clave *Niebla* en la temporada del año 2002 y la mitad del 2001; posteriormente pasó a la célula de Jorge Eduardo Costilla Sánchez, alias *El Coss*, con clave *Sombra*. Esto lo sé porque yo pertenecí a dicha organización hasta el 12 de enero del año 2002.

Las funciones que Juan Carlos de la Cruz Reyna tenía dentro de la organización eran [las] de dar seguridad a Osiel Cárdenas Guillén y a sus jefes inmediatos que he mencionado, ya que él traía credencial de la Policía Ministerial, teniendo el poder de que si alguien de la Policía Municipal, Ministerial, Federal o Federal de Caminos pretendía hacerles algo, él actuaba charoleando para que no molestaran el convoy o vehículo donde iba con su jefe inmediato, [y] también [se ocupaba] de sacar información sobre algún operativo en contra de la organización, de hablar con los comandantes para arreglar las plazas y de [establecer] los acuerdos sobre las cuotas mensuales.

[Juan Carlos de la Cruz Reyna] también participó en el atentado contra Rolando López Salinas, alias *El Rolis*, quien era gente de Eulalio López Falcón, alias *Yeyo*, que Osiel Cárdenas había ordenado en una casa de seguridad de la ciudad de Miguel Alemán, ya que era gente contraria a los intereses de la organización de Gilberto García Mena, *El June*. En esa ocasión participaron Arturo Guzmán Decena, Heriberto Lazcano, Braulio Arellano Domínguez, Hugo Ponce Salazar, Mateo Díaz López, Rogelio García García.

En esa ocasión salió herido de la mandíbula Baldomero González Ruiz, *El Viejo Fox* [miembro del cártel del Golfo], ya que le dieron un balazo y fue llevado a la casa de seguridad Cuarenta Grande, de Reynosa, Tamaulipas, donde llegaron a darle informes a Osiel. Estos hechos sucedieron en el año de 1999.

El testigo *Rufino* hurga en los recuerdos trágicos que guarda en su memoria y relata con una precisión cortante las muertes que vio y de las que tuvo conocimiento durante su paso por el cártel del Golfo. Sin titubeos dice que Juan Carlos de la Cruz Reyna participó en las incineraciones de los licenciados Miguel Ángel Martínez Sánchez y Antonio López Nakasono, hechos que tuvieron lugar —afirma en su declaración ministerial— en el Punto Milpa de Matamoros en el año 2000. Por órdenes de Osiel Cárdenas —y con la participación directa, sostiene, de De la Cruz Reyna—, en ese sitio también fueron incinerados Rogelio García García, *Roger*, y su hermano, al que sólo refiere con el sobrenombre de *Titino*. Luego añade que en esa misma casa de seguridad se quemaron los cuerpos de Gudelio Campos González, llamado *El Indio*, y su esposa, cuyo nombre, dice, no recuerda.

Francisco Alberto Vázquez Guzmán, *Rufino*, habla de cómo operaba el cártel en la corrupción de funcionarios del gobierno de Tamaulipas. El dinero se repartía a manos llenas, señala, y a cambio se obtenía protección e impunidad. No escapó de su memoria Guadalupe Herrera Bustamante, ex procurador del estado de Tamaulipas. En un testimonio fechado en el mes de septiembre de 2007, afirma que Ariel Herrera, *El Tigre*, miembro del cártel del Golfo, es hermano de Guadalupe, a quien Eugenio Hernández Flores, actual gobernador de Tamaulipas, nombró procurador del estado, y después, orgullosamente, su asesor. Elocuente es el testigo *Rufino* al señalar a Guadalupe Herrera como pieza clave del cártel del Golfo desde el sexenio que encabezó en Tamaulipas el gobernador Manuel Cavazos Lerma:

… en esta conversación en que conocí a Juan José Muñiz Salinas, alias *El Comandante Muñiz* y/o *El Bimbo*, quien se encontraba con Ariel Herrera Bustamante, alias *El Tigre* y Vicente Castillo Sáenz, alias *El Mano*, reunidos con *Chava Gómez*, escuchando durante su conversación que *Chava* Gómez les preguntó al *Tigre* y al *Comandante Muñiz* que si ya le habían entregado los treinta mil dólares al procu, refiriéndose al procurador General de Justicia del Estado de Tamaulipas, Guadalupe Herrera Bustamante; comentándome posteriormente *Chava* Gómez que ese dinero que le mandaba al procu era para que no se realizara ninguna investigación en contra del cártel del Golfo y para que diera órdenes al comandante de la Policía Judicial del Estado [de] desviar la investigación relacionada con el enfrentamiento que tuvieron los hermanos Treviño, a quienes habían levantado en la ciudad de Valle Hermoso, Tamaulipas, el día 22 de agosto de 1998...

> casa de arraigo cuando ellos escaparon", a lo cual le contesté que me quería detener porque supuestamente yo sabía a donde se habían ido a esconder después de escaparse, pero como le manifesté que yo no iba a visitar a CHAVA GÓMEZ ni a OSIEL CÁRDENAS GUILLEN sino a mi compadre ALQUICIRIS, fue que no me detuvo; siendo precisamente en esta conversación en que conocí a JUAN JOSÉ MUÑIZ SALINAS alias "EL COMANDANTE MUÑIZ" y/o "EL BIMBO", quien se encontraba con ARIEL HERRERA BUSTAMANTE alias "EL TIGRE" Y VICENTE CASTILLO SAENZ alias el "MANO" reunidos con CHAVA GÓMEZ, escuchando durante su conversación que CHAVA GÓMEZ les preguntó al TIGRE y al Comandante MUÑIZ que si ya le habían entregado los treinta mil dólares al "PROCU", refiriéndose al Procurador General del Estado de Tamaulipas GUADALUPE HERRERA BUSTAMANTE; comentándome posteriormente CHAVA GÓMEZ que ese dinero que le mandaban al PROCU era para que no se realizara ninguna investigación en contra del Cártel del Golfo y para que diera órdenes al Comandante de la Policía Judicial del Estado desviar la investigación relacionada con el enfrentamiento que tuvieron con los hermanos TREVIÑO a quienes habían levantado en la Ciudad de Valle Hermoso Tamaulipas el día veintidós de agosto de mil novecientos noventa y ocho, y donde murieron varios hermanos y otros resultaron heridos; asimismo CHAVA GÓMEZ me comentó que OSIEL le entregó a FRANCISCO SUÁREZ VÁSQUEZ alias "EL LORO" y/o "PANCHITO" ...

Extracto de la declaración ministerial de *Rufino* en la que se ratifica el vínculo del ex procurador de Tamaulipas, José Guadalupe Herrera Bustamante, con el cártel del Golfo.

El sentimentalismo no es cosa de Osiel Cárdenas. No puede, aunque intente, olvidar la traición. En la cabeza de Osiel suena y resuena la voz de la gitana cuando le dice: "Alguien que está cerca de ti hablará muchos secretos tuyos". No le perdona a *Paquito* la osadía de haber revelado parte de su vida personal y criminal ante las autoridades, y aunque no puede verle muerto como deseaba, este "engendro del mal" rebosa de coraje y busca la forma de vengarse y acallar al traidor.

Como siempre ocurre con quienes esconden en su interior una gran carga de miseria humana, Osiel se cobra venganza sin dar la cara, sin hacerle frente a su enemigo. Rompe de la manera más baja las reglas de la mafia y ordena que asesinen a familiares de *Paquito*. El 29 de agosto de 2007, el testigo protegido no duda en declarar que el 14 de enero de 2002, apenas dos días después de haber rendido testimonio ante la PGR, desapareció su hijo, Alberto Vázquez Márquez; que ocho días después corrió la misma suerte Víctor Manuel Vázquez, su hermano, y que el 4 de julio de ese mismo año fue asesinado otro de sus hermanos, Juan Rosendo Vázquez. A estos hechos, hasta ahora impunes, se suman más desgracias. Miembros del cártel del Golfo afincados en Matamoros, prendieron fuego a las casas respectivas de la madre y la hermana de *Paquito*. La arremetida de Osiel no podía ser para menos. El odio de un capo desgarrado se desata con toda su fuerza.

Los meses transcurren y el grupo especial de militares continúa trabajando en la localización del jefe del cártel del Golfo. Durante varios meses estos hombres dieron palos de ciego en su intento por detener a Osiel Cárdenas. Cuando arriban a Matamoros, y preparan el golpe, de Osiel no queda ni rastro y ningún miembro del cártel se encuentra ya en la plaza.

El huidizo Osiel siempre se adelanta al ataque de sus enemigos. En varias ocasiones los operativos resultan fallidos. Pero todo cambia cuando el grupo especial de la Sedena sostiene un largo diálogo con *Paquito*.

Le preguntan cómo pueden detener a Osiel Cárdenas. El testigo, que conoce los movimientos del capo, les dice que la estrategia es errada, que están investigando sólo a su gente cercana; que las llamadas telefónicas rastreadas son imprecisas; que Osiel ya no acudía a los sitios que solía frecuentar, pues había sido alertado de su búsqueda. En suma, les dice, el plan de captura carece de puntería. Entonces se afina la táctica: *Paquito* sugiere a los militares intervenir los teléfonos de la esposa y los hijos de Osiel Cárdenas, con quienes habla frecuentemente por las mañanas para preguntarles cómo están y cómo les va en la escuela.

El ardid resulta. Sólo así el Ejército decide intervenir el celular de Celia Marlén Cárdenas, hija de Osiel. Se cuenta que en una ocasión la muchacha le dijo a una amiga que estaría en Matamoros y que deseaba verla para invitarla a su fiesta de cumpleaños. *Paquito* le confirma a los miembros del Cian que, en efecto, la voz corresponde a Celia Marlén, primogénita de Osiel, y les hace una recomendación: "Recuerden que Osiel se duerme cuando sale el sol. Es cuando se puede actuar. Sale el sol, se esperan media hora y entonces pueden atacar".

Osiel Cárdenas prepara la fiesta para su hija. Se espera un menú variado —especialmente carne asada—, mariachis y tríos. El capo llega a Matamoros la tarde del día 13, acompañado por uno de sus socios conocido como *El Piña*. Cuando circulan por el corazón de la ciudad y se dirigen a la casa familiar, en el fraccionamiento Satélite, el jefe del cártel del Golfo comenta a su acompañante que percibe una calma muy extraña en la ciudad. Olfateando algo extraño y con sus sensibles nervios tensos ante el peligro, Osiel vuelve a decir: "Está raro todo, esto está muy tranquilo". Intuye la amenaza, pero esta vez no atiende el llamado interior, la voz de alerta. Está demasiado excitado por la fiesta de su hija. Aquel nubarrón de sospecha se disipa tan rápido como pasa por su mente.

La percepción se Osiel no es desatinada. En ese justo momento el grupo de militares del Cian ya está refugiado en Matamoros, a la caza del capo. Ninguna autoridad estatal ha sido notificada del operativo. Las indicaciones del entonces secretario de la Defensa, Clemente Vega, son precisas: todo debe hacerse en completo sigilo. Ubicados estratégicamente, los militares aguardan el momento para asestar el golpe. Al día siguiente, 14 de marzo, la fiesta comienza poco después de las dos de la tarde. Osiel, sonriente, festeja el cumpleaños de su hija Celia Marlén. Se destapan las botellas de vino, se sirve el tequila, se reparte las cervezas heladas entre los invitados.

Los mariachis y los tríos comienzan a tocar en forma alternada. Osiel pide que se prolongue el tiempo contratado y que no falte la música. En las calles de Matamoros, un grupo de agentes federales adscritos a la SIEDO, enviados por José Luis Santiago Vasconcelos, trata por su cuenta de encontrar la casa de Osiel, supuestamente para detenerlo en pleno festejo. Sólo se guian por dos datos: que en la casa de Osiel se celebra una fiesta y que donde huela a carne asada ahí está departiendo el capo. Nunca localizaron el domicilio.

La fiesta se prolonga toda la noche. Al amanecer, Osiel Cárdenas se quita los zapatos y la camisa, luego se tiende en la cama sólo con el pantalón puesto. A las 9:57 de la mañana, cuando el sol brilla esplendoroso, Osiel se queda dormido. En ese momento, 40 efectivos del Grupo Aeromóvil de Fuerzas Especiales irrumpen en la casa del capo; son repelidos con disparos y granadas por 20 hombres que están en dos vehículos custodiando al jefe del cártel del Golfo. Al escuchar las detonaciones, Osiel se levanta como impulsado por un resorte y corre a la parte trasera de su casa, se brinca la barda y trepa al techo de algunas de las casas de sus vecinos. Sólo lleva el pantalón puesto. En medio del tiroteo, Osiel pretende salir por una calle lateral, pero se lleva una desagradable sorpresa: toda la cuadra está cercada por elementos del Ejército mexicano, quienes de inmediato lo detienen.

Lo esposan y lo colocan casi en forma fetal, a fin de someterlo. En poco menos de una hora, ponen fin a la vida criminal de Osiel Cárdenas, quien hasta el último momento lucha por escapar. *Los Zetas* intentan liberarlo sin éxito. Durante la detención hay tres enfrentamientos: el primero, cuando los militares llegan a la casa del capo; el segundo con francotiradores y el tercero cuando Osiel es trasladado al aeropuerto de Matamoros. Allí lo intentan rescatar sus cómplices y desatan una balacera con la Policía Federal Preventiva, que se suma al operativo.

Osiel Cárdenas, el capo más sanguinario, cae vencido ante el poder militar. Su futuro se plaga de claroscuros y su vida de presagios aciagos. El capo es subido a un avión de la Fuerza Aérea y trasladado a la ciudad de México. Era un viaje sin retorno. La aeronave aterriza a las 13:30 horas en la base Santa Lucía. De allí es llevado en helicóptero al Campo Militar Número Uno, donde es puesto a disposición de la UEDO.

La dependencia lo espera con un rosario de cargos: delitos contra la salud, lavado de dinero, delincuencia organizada, portación de armas de fuego de uso exclusivo del Ejército, usurpación de funciones, uso indebido de insignias y siglas oficiales, cohecho y homicidio.

Durante el interrogatorio al que es sometido en la UEDO le preguntan qué sucedió con cuatro agentes federales que desaparecieron en Tamaulipas. No responde, pero por voz de otros testigos la PGR supo que los policías fueron secuestrados por miembros del cártel del Golfo y enterrados vivos bajo pesadas losas de cemento.

Osiel es trasladado al penal de máxima seguridad entonces conocido como Almoloya de Juárez —hoy penal del Altiplano— y encerrado en un área de castigo por ser un delincuente de alta peligrosidad. Pero el temerario Osiel no baja los brazos. La cárcel no·sería el fin de su historia. Dentro de la prisión se convierte en una pesadilla para el gobierno, pues con un celular sigue dirigiendo su empresa incluso en condiciones de mayor seguridad.

Pronto, muy pronto, en la prisión sólo impera una ley: la del capo Osiel Cárdenas.

Última batalla

El 15 de marzo de 2003, después de 20 horas de interrogatorio en el Campo Militar Número Uno, 30 militares y otros tantos agentes federales armados trasladan a Osiel Cárdenas Guillén hasta el penal de La Palma. Un helicóptero de la Fuerza Aérea lo conduce a la que será su nueva residencia durante algunos meses. El interno debe ceñirse a reglas diferentes, el sedentarismo al que se ve sujeto lo obnubila y le hace ver el mundo más turbio.

Su captura e ingreso en prisión es humillante, sobre todo porque Osiel siempre se jactó de que nunca lo atraparían. Así lo sentía cuando ponía en jaque al gobierno federal y al Ejército; pero su arrogancia es aplastada desde que cruza el umbral de aquella masa de concreto y rejas aceradas donde tendrá que pasar los días venideros.

Como todos los detenidos, Osiel es sometido al fichaje riguroso. Él, que siempre huyó de las fotos, es fotografiado una y otra vez desde todos los ángulos y perfiles. El capo que siempre ha estado encadenado a los grilletes de la vanidad, el que se angustia por el avance de su calvicie prematura —lo que lo llevó incluso a hacerse un implante de pelo para cubrir las oquedades de su cráneo—, ahora luce a rape; tanto, que se le notan las arterias cerebrales.

Atrás quedan los cómodos y seguros aposentos en los que se refugiaba siendo jefe del cártel que él mismo había creado. De ahora en adelante una celda de castigo será su único espacio, y el sol que cada mañana lo acompañó a conciliar el sueño se transforma en dos lámparas que permanecen encendidas todo el tiempo. Los estragos son evidentes, su rostro comienza a marchitarse hasta verse macilento.

Osiel, que en todo momento se sintió dueño absoluto del poder y lo ejerció hasta el exceso, tiene que enfrentarse al sobajamiento que le imponen los custodios del penal, quienes le miran a los ojos y le exigen a gritos que obedezca las nuevas normas que regirán su vida. Su otrora retadora mirada ya no le funciona; apabullado, ahora debe inclinar la cabeza. Está vencido y ahora es él quien debe obedecer al personal que lo vigila. Tampoco se muestra altivo, ya no puede darse esos aires de grandeza. Despojado de sus trajes finos y de los perfumes maderados, su atuendo se reduce a un uniforme beige deslavado similar al que portan todos los internos. Él, que se caracterizó por buscar la distinción, se ve reducido a asumir su condición de reo y ser, entre la población carcelaria, el más igual de todos los iguales. Su sino es ser medido con la vara que él midió a tantos y tantos de sus subalternos y a los sicarios de las organizaciones criminales rivales cuando los sometía a tortuosos interrogatorios.

Al principio, el capo observa su entorno con amargura. Se le ve molesto, con el gesto adusto. La cara que muestra es de pocos amigos. Mientras se adapta a una realidad desconocida, siente que vive en un universo estrecho, diferente al suyo, sórdido, poblado de delincuentes que, al igual que él, tienen los sueños rotos, la vida fracturada. Sin embargo ese malestar será pasajero. Sabe tejer alianzas y alimentarlas con dinero. En poco tiempo este impetuoso personaje convierte a la cárcel de máxima seguridad en su centro de mando; nada lo detiene entonces.

En reclusión Osiel comienza a vivir la experiencia de otros capos que, como él, fueron capturados cuando controlaban el trasiego de drogas y se sentían poderosos, invencibles. Algunos de ellos conviven en las instalaciones del penal ubicado en territorio mexiquense, lejos de la gloria que los encumbró. Ahí, uno de ellos, Ernesto Fonseca Carrillo, *Don Neto*, ya es víctima de los estragos del tiempo. Su cuerpo, lleno de achaques, está casi vencido, no queda nada de aquel antiguo jefe mafioso.

Pero eso no paraliza a Osiel, quien sigue los pasos de Miguel Ángel Félix Gallardo. El viejo jefe del cártel del Pacífico fue detenido en abril de 1989, pero no dejó de manejar los hilos de sus múltiples negocios ilícitos desde la prisión; aunque su imperio se derrumbó cuando las autoridades lo detectaron.

También imita a Amado Carrillo Fuentes, capturado en ese mismo año por la portación de arma prohibida. Durante su estancia en el Reclusorio Sur de la ciudad de México, *El Señor de los Cielos* supo controlar a los custodios y convertir ese penal en una sucursal del cártel de Juárez. Lo mismo había hecho Joaquín Guzmán Loera, *El Chapo*, quien durante su reclusión se comportaba como si fuera el presidente del consejo de administración de una empresa: giraba órdenes, organizaba fiestas, cerraba negocios con sus pares colombianos y hasta dictaba el menú del día en el penal de Puente Grande, Jalisco, de donde finalmente se fugó en enero de 2001, apenas iniciado el sexenio de Vicente Fox.

Lejos de ocultarse en su coraza personal, Osiel opta por volcar sus ímpetus. Apenas habituado al encierro, comienza a impulsar la marcha de su empresa, con discreción y paciencia va afinando las piezas de su maquinaria. A pesar de estar confinado en una celda de castigo por su perfil de alta peligrosidad, Osiel no sabe estar inactivo.

Y así como antes no quiso poner fin a sus embates para destruir a Joaquín Guzmán Loera, su principal rival, la cárcel le sirve a Osiel para extender ese ardoroso campo de batalla en el que ambos contendientes persisten en su irrefrenable afán por dominar el rentable negocio de las drogas.

Durante las primeras semanas de reclusión, Osiel se resiste a dormir en su apretada celda. Se siente enjaulado, como fiera. Pronto atisba una solución: mediante sobornos comienza a ganarse la confianza de los custodios. Una jugosa propina que triplica el sueldo quincenal de un centinela es más que suficiente para que en poco tiempo ya no obedezca las normas penitenciarias. Los papeles comienzan a invertirse. Ahora Osiel es el que emite las órdenes y hace que todo gire a su alrededor. El orgullo, la egolatría y el hambre de poder le dan aliento.

En la prisión pone en marcha un mecanismo que sabe operar con habilidad: la corrupción, la intimidación. Traba relación con Benjamín Arellano Félix —ex jefe del cártel de Tijuana—, también lo hace con Daniel Arizmendi, *El Mochaorejas*, aun cuando el sanguinario secuestrador danza en la demencia. El penal no debe ser una barrera que lo maniate; tiene claro que ha llegado el momento de conseguir aliados, pues de ello depende su sobrevivencia. Entonces se subleva y surge en su interior una necesidad imperiosa de controlarlo todo.

Osiel sabe muy bien que cuenta con el mejor instrumento para lograrlo: el dinero, el moho capaz de oxidar todos los metales o lubricarlos para abrir puertas, retorcer conciencias o comprar fidelidad. En menos de un mes ya dispone de un celular, introducido mediante sobornos. Y es a través de ese aparato como mantiene su enlace con el exterior y se comunica con los miembros del cártel del Golfo, sin problemas, a cualquier hora.

Eduardo Costilla, *El Coss,* lo releva en la jefatura y lo mantiene al tanto de la marcha de la organización. Osiel también telefonea a policías para que custodien los cargamentos de droga. Además, cada 30 de abril ordena que se festeje el día del niño en varias entidades. Son reminiscencias de sus años primigenios en los que sobrevivió a fuerza de voluntad, inmerso en la miseria que apenas le permitía alimentarse. Generoso, sufraga los gastos y no escatima ningún peso. Envía tráilers repletos de juguetes a diferentes estados del país.

Su propósito es que ningún niño se quede sin regalo, incluso les envía mensajes. "La constancia, disciplina y esfuerzo son la base del éxito. Tu amigo: Osiel Cárdenas Guillén", les dice. En amplias mantas colocadas en campos deportivos y avenidas de Nuevo Laredo, Tamaulipas, Osiel traza la ruta que él mismo extravió en su niñez: "Sigue estudiando para que seas un gran ejemplo". Osiel tampoco olvida —porque quizá un sentimiento de culpa lo taladra—el día de las madres, y las agasaja con regalos y felicitaciones.

Dentro del penal el ambiente se caldea. Su celular se convierte en un arma que maneja con destreza para defenderse y atacar. El 8 de octubre de 2004 por la mañana, Carlos Loret de Mola conduce su programa "Primero noticias", que transmite Televisa por el canal 2, con cobertura nacional. Sin haber un corte de por medio, el periodista recibe una llamada telefónica. Sorprendido se entera que su interlocutor es el propio Osiel Cárdenas Guillén, quien le llama desde su reclusión en La Palma. Tan pronto le abren los micrófonos, Osiel se lanza contra José Luis Santiago Vasconcelos, entonces titular de la SIEDO, y lo acusa de chantaje.

En esa inusual entrevista, difundida en radio y televisión, Osiel desnuda a Vasconcelos al afirmar que éste le pidió incriminar a Tomás Yarrington, entonces gobernador de Tamaulipas. Si no quería ser extraditado a Estados Unidos, debía decir que el político tamaulipeco estaba relacionado con el narcotráfico.

Con el espacio abierto en la cadena televisiva más poderosa, Osiel no se limita al hablar. Cuestiona a la PGR porque, según él, lleva a cabo una lucha selectiva en contra del tráfico de drogas y dice que sólo se combate a ciertos grupos. Sus palabras brotan desordenadas, en tropel:

Yo pienso que más que nada la PGR se enfoca cínicamente en algunos grupos, pero no en todos. Hace mil cosas, ¿no?, prácticamente hacen una cortina de humo para desviar la opinión pública hacia alguien y tapar a alguien más, ¿no? Para otros no, y hacen a alguien famoso de la noche a la mañana, porque si te das cuenta, ¿de cuándo acá yo vine a hacerme famoso? ¡Vaya! Ahora resulta que salgo en las noticias a diario. Hablan mil cosas de mí, se dicen infinidad de cosas; la realidad es que hay una consigna en mi contra [y] estoy siendo objeto de ella por medio del señor José Luis Santiago Vasconcelos.

Los señalamientos de Osiel perturban a los funcionarios de la PGR y es inevitable la reacción. Vasconcelos acude a los medios de comunicación para descalificar las declaraciones del capo y lavar su imagen. Explica en una entrevista que el día que fue capturado Osiel nunca se le pidió incriminar al gobernador tamaulipeco. "Lo único que se le interrogó fue respecto de dónde quedaron los cuerpos de cuatro elementos de la AFI, que fueron masacrados por su organización".

El funcionario de la SIEDO se refiere enseguida a la argucia de Osiel como una herramienta para intentar descalificar el trabajo de la PGR. Luego se deslinda con un argumento vacilante:

Lo que dice ese delincuente yo no lo puedo hacer. El procedimiento de extradición es totalmente diverso. Ese hecho por sí mismo cae. Hace caer la afirmación de este señor. En un juicio de extradición no intervenimos nosotros. El subprocurador de delincuencia organizada no interviene. Es un reclamo de un gobierno federal hacia un delincuente que se encuentra en nuestro territorio nacional. La decisión de extradición la tiene la Secretaría de Relaciones Exteriores. Yo soy un servidor público que no tiene tanto poder en este país y qué bueno que no exista uno que tenga tanto poder.

La confrontación está declarada y no hay forma de apagar el fuego. La polémica sube de tono y alcanza niveles insospechados. Osiel ha entrado en liza con los altos funcionarios de la procuraduría. Atrae los reflectores de los medios y pone en entredicho el papel de quienes están al frente de la lucha antidrogas. Pero el habilidoso Vasconcelos se zafa del conflicto asumiendo un papel de víctima, y asegura que

… ésos son los riesgos para quienes combatimos el crimen organizado. Están en las descalificaciones, vienen en las mentiras. No hay más que decir que niego totalmente este tipo de situaciones. Ellos [los narcos] utilizan muchos instrumentos para atacarnos. O te tachan de corrupto o de homosexual, de proteger intereses de otras gentes o bien dicen que uno tiene intereses políticos. Y por desgracia algunos medios, ya sea por ingenuidad o por sensacionalismo, proceden a difundir este tipo de notas que no tienen ningún avance y que lo único que persiguen es amedrentar o tratar de frenar las acciones de las autoridades.

Osiel ha asestado un duro golpe y el manto nebuloso de las dudas ensombrecen a la PGR. ¿Por qué la gente no habría de creerle a Osiel? ¿Acaso los capos siempre mienten? ¿Nunca dicen la verdad? ¿Carecen de credibilidad por ser delincuentes? El dardo venenoso disparado por Osiel surte efecto, pero él sabe que su batalla está perdida. Con todos los recursos que dispone se convierte en un líder dentro de la cárcel, y al mismo tiempo, en una pesadilla para el gobierno federal.

En la prisión gana adeptos y afuera nadie detiene la marcha ascendente de su cártel. En La Palma corre el dinero a raudales. Salpica de billetes verdes a custodios, altos funcionarios del penal son incluidos en su nómina y se doblegan ante Osiel, quien sortea todos los obstáculos con su poder corruptor. Unas 60 personas se ponen a su servicio. Para no estar encerrado y seguir al frente de su empresa criminal echa mano de una estrategia: contrata los servicios de 25 abogados. Al reo más peligroso le asiste el derecho de recibirlos en los locutorios aparentemente para revisar el curso de su situación jurídica. Esta añagaza le permite estar conectado con sus negocios ilícitos, pues no todos los litigantes están a cargo de su caso, buena parte de ellos fungen como mensajeros y repartidores de dádivas a nombre de su representado.

El control del penal de La Palma por parte de las autoridades penitenciarias resulta incierto. En realidad es Osiel quien gobierna esa prisión de máxima seguridad y la transforma en las oficinas centrales del cártel del Golfo. Desde allí, a través de su inseparable celular, gira instrucciones, habla con *Los Zetas*, trafica con cuantiosos cargamentos de droga y mueve sus influencias por todas partes para que *El Chapo* Guzmán no ingrese en Tamaulipas.

Cuida que los miembros de la organización no se enfrenten entre sí. Nada resultaría peor para su negocio que el grupo se divida. En una llamada telefónica que le interceptan, Osiel confiesa a un allegado la preocupación por mantener unido al cártel, y lo que dice confirma que, aun desde prisión, él sigue al frente de la organización.

Sus palabras resultan elocuentes:

A todos les dejé su lugar, no tienen por qué pelearse. Pueden trabajar bien solos esos cabrones. Yo siempre me preocupé porque sabía que me iba a pasar esto y siempre traté de estar preocupado por eso. Pero de todas formas tenía que estar preparado para que […] no se hiciera un desastre después de mi detención y se empiecen a pelear entre todos. Siempre he tratado de evitar eso, y ahora van bien, o sea, todos los muchachos que traía yo, siguen; o sea, el cien por ciento haciéndome caso de lo que yo les digo.

La disciplina de la cárcel se relaja y su rigidez se ve vencida, por aquella coladera pasa todo. Para introducir un celular basta con pagar 10 mil pesos, y si se requiere un radio de comunicación Nextel el costo sube a 15 mil. Osiel Cárdenas, Daniel Arizmendi, Albino Quintero Meraz y otros capos toman las oficinas de la dirección del penal y exigen un mejor trato: libertades, privilegios. Y todo se les concede. Fluye la droga por todas partes. La máxima seguridad se ve amenazada con el transcurso de los meses y pronto las señales de alerta llegan a las altas esferas del gobierno federal. El comisionado del órgano Administrativo Desconcentrado de Prevención y Readaptación Social de la Secretaría de Seguridad Pública, Carlos Tornero, resume la crisis de la cárcel con una frase estremecedora: "La Palma es una bomba de tiempo". Es evidente que el penal huele a pólvora, pero nadie le hace caso.

Y lo que Tornero alerta se cumple más tarde: comienzan a ser asesinados varios personajes ligados con Joaquín Guzmán Loera, *El Chapo*. El 3 de mayo de 2004 Alberto Soberanes Ramos, uno de sus lugartenientes, es ejecutado a balazos en el interior del penal; el 3 de octubre de ese mismo año cae acribillado dentro de la cárcel Miguel Ángel Beltrán Lugo, conocido como *El Ceja Güera*, miembro del cártel de Sinaloa y uno de los principales aliados de *El Chapo* Guzmán. Juan Govea Lucio saca una pequeña arma oculta entre un expediente y le dispara a Beltrán cuando éste se encuentra en el comedor. Las investigaciones de la PGR no logran acreditar que Osiel haya planeado los crímenes, pero es claro que éstos forman parte de la guerra entre cárteles y tienen como objetivo el control de Tamaulipas, la plaza más rentable.

Un mes antes del asesinato de Beltrán Lugo la guerra entre grupos antagónicos llega a su punto más álgido. Osiel publica en el diario *El Universal* una carta dirigida al presidente Vicente Fox. Desplegada en una plana, la misiva tiene el propósito de acusar a la PGR de orquestar una campaña de acoso e intimidación en contra de sus abogados y familiares, lo que se traduce, según Osiel, en "una tortura psicológica" y un "debilitamiento físico y mental". En su queja afirma que sus

… defensores han sido acosados, hostigados y tácticamente amenazados, ya que en fechas recientes sus nombres han aparecido en los medios de comunicación y tratan de inculparlos en diversos hechos con suposiciones y señalamientos falsos, sin fundamento ni motivación legal alguna.

El antagonismo de los cárteles alcanza al equipo del capo. El 20 de enero de 2005 Leonardo Oceguera Jiménez, abogado y mensajero de Osiel, es ultimado en Toluca, Estado de México. Por órdenes del jefe del cártel del Golfo, el litigante organizaba marchas y protestas encabezadas en su mayoría por mujeres emparentadas con narcotraficantes que se quejaban de vivir en malas condiciones dentro de la cárcel. Al salir de La Palma también es asesinado Francisco Flores Iruegas, otro defensor de Cárdenas Guillén señalado por la PGR como un *narcoabogado*.

El momento más crítico que muestra la ineficacia de las autoridades para imponer el orden en La Palma no tarda en llegar. Un plan largamente maquinado está por ejecutarse. Los cárteles del Golfo y de Sinaloa se baten por el control de Tamaulipas y las rutas del Golfo de México. El 31 de diciembre de 2005 surge el estallido. Mientras se prepara la cena de fin de año, el reo José Ramírez Villanueva camina varios metros en el interior de la cárcel hasta llegar a un escondite donde guarda una pistola nueve milímetros. Días antes el arma había sido introducida con el apoyo de los custodios, que terminaron al servicio de Osiel Cárdenas, Benjamín Arellano y otros más, enemigos de *El Chapo* Guzmán. El dinero repartido venda los ojos de los celadores y nadie advierte que existe un plan de asesinato.

Además, corre la versión de que Osiel se entera por medio de sus informantes que *El Chapo* ha pagado varios millones de pesos para que lo ejecuten. Las autoridades no confirman el hecho, pero es evidente que ambos capos rumian de odio.

Ramírez Villanueva guarda el arma entre su holgado ropaje. El reloj marca las 18:50 horas. Se dirige hacia el área de locutorios donde Arturo Guzmán Loera, *El Pollo*, hermano de *El Chapo*, se encuentra dialogando con José Pilar Gastélum, su abogado. Cuando termina de hablar con el defensor y se dispone a regresar a su celda, Ramírez entra en el cuarto y le descarga la pistola. Siete balazos le penetran el tórax, abdomen y raquia medular. El asesinato ocurre cuando el gobierno federal reforzaba la seguridad de la cárcel. Los operativos, sin duda, resultaron un fracaso. Los capos gobiernan el penal de máxima seguridad y tienen sometidas a las autoridades. La triada encabezada por Osiel Cárdenas, Benjamín Arellano y Daniel Arizmendi ha logrado minar el rigor carcelario y aquella prisión se convierte en campo fértil para las venganzas. Arde como Sinaloa, Tamaulipas y Tijuana.

Nadie da crédito al hecho de que la cárcel más importante construida en el sexenio de Carlos Salinas está en manos de los narcotraficantes más peligrosos del país. Carlos Tornero Díaz, entonces responsable de los penales federales, explica, sumido en la impotencia, el desastre de las prisiones y el crimen de Arturo Guzmán:

> Una alta y grave traición en el esquema de seguridad del penal de La Palma permitió la introducción del arma de fuego con la que el interno José Ramírez Villanueva asesinó a Arturo Guzmán Loera en la zona de locutorios. El asesinato fue consecuencia de un plan perfectamente estructurado dentro y fuera del reclusorio, con la ayuda de custodios.

Cómo era posible que el arma hubiera sido introducida cuando el penal era vigilado por 450 policías de las Fuerzas

Especiales, 90 custodios y 30 guardias que vigilaban las garitas. Tornero respondió con un dato irrefutable: "La pistola entró a la prisión después del operativo y pudo haber sido introducida por los propios elementos de seguridad".

Osiel Cárdenas impone su ley y no hay dique alguno que lo frene. Dueño de vidas y voluntades, se da el lujo de planear su propia fuga. En agosto de 2004, el Ejército Mexicano descubre en Uruapan, Michoacán, un campamento donde un comando armado ensaya su liberación del penal. En aquel lugar unos 50 hombres del grupo paramilitar *Los Zetas*, enfundados en trajes negros y empuñando rifles de asalto AK-47 practican una eventual incursión en La Palma.

Por órdenes de Osiel, la planeación de la fuga corre a cargo de Carlos Rosales, *El Tísico*, representante del cártel del Golfo en Michoacán. El grupo dispone no sólo de armamento de alto poder sino de información confidencial, como los códigos de acceso de cada una de las compuertas interiores de la cárcel. Han adquirido un helicóptero blindado de color negro en el que escaparía Osiel después de la irrupción armada. Rosales tiene vasta experiencia en este tipo de operaciones: el 14 de junio de 2003 había liberado a unos 60 miembros de *Los Zetas* que estaban presos en Morelia. Y el 5 de enero de 2004 hizo lo mismo en el reclusorio de Apatzingán.

El Ejército despliega a cientos de soldados para reforzar la seguridad de La Palma y detener a todos los hombres de Osiel que están preparando la huida. El plan termina frustrado por la intervención oportuna de las Fuerzas Armadas, pero el jefe del cártel del Golfo no deja de ser una verdadera pesadilla para el gobierno de Vicente Fox, quien carga el estigma de la duda por el severo golpe causado el 19 de enero de 2001 —pocos días después de que el panista tomara posesión como presidente de la República— por el escape de Joaquín *El Chapo* Guzmán del penal de Puente Grande.

Vicente Fox hereda a Felipe Calderón un país sitiado por el narcotráfico y con una crisis de inseguridad en todos los penales federales. Dentro y fuera de las cárceles los capos ajustan sus cuentas pendientes. Al asumir la Presidencia, el 1° de diciembre de 2006, Calderón implementa los operativos conjuntos para frenar la avasallante violencia del narco y recurre a una válvula de escape: las extradiciones.

Osiel es un candidato indudable para ser extraditado a Estados Unidos. Ese país había solicitado dicho proceso desde el 9 de marzo de 2004, casi un año después de su captura, mediante la nota diplomática 498 en la que se expone:

> El gobierno de los Estados Unidos de América, a través de su Embajada en México, presentó la solicitud formal de extradición internacional de Osiel Cárdenas Guillén, alias *Osiel Cárdenas Guillén*, alias *Ingeniero*, alias *El Señor*, alias *Noventa y uno*, alias *Fantasma*, alias *El Loco*, alias *El Patrón*, alias *El Cabezón*, alias *Madrina*, alias *Memo*, quien es requerido con fundamento en el Tratado de Extradición de los Estados Unidos Mexicanos y los Estados Unidos de América…

En la nota diplomática se incluyeron las garantías sobre la no aplicación de la pena de muerte y la cadena perpetua (esta última ya no es impedimento para la extradición) al reclamado en caso de ser extraditado.

Osiel batalla por quedarse en México con todos los recursos que dispone, pero la suerte sólo estuvo de su lado fugazmente. La petición de extradición sufre un revés: el 4 de febrero de 2005, el juez de la causa emite su fallo y lo remite a la Secretaría de Relaciones Exteriores, dependencia que, en un oficio firmado por el canciller Luis Ernesto Derbez Bautista, enteró a la PGR del caso.

Dice la resolución judicial:

> En atención a que este órgano jurisdiccional estima que en el caso no satisfacen los requisitos de procedibilidad requeridos al respecto, se opina que, al menos por ahora, no resulta procedente conceder la extradición solicitada por los Estados Unidos de América respecto de Oziel Cárdenas Guillén… Queda diferida hasta que se resuelvan en definitiva las causas penales que tiene abiertas en su contra en territorio nacional, de conformidad con lo establecido en el artículo 15 del Tratado de Extradición.

Sin embargo, el gobierno de Felipe Calderón toma la decisión de extraditar a Osiel Cárdenas, y a otros capos, violando la ley. Las autoridades argumentan que las extradiciones serían temporales, tal como lo establece un protocolo firmado entre los gobiernos de México y Estados Unidos el 4 de mayo de 1978, revisado y ratificado el 13 de noviembre de 1997 por los procuradores de ambos países, Jorge Madrazo y Janet Reno, respectivamente.

218

SECRETARIA DE RELACIONES EXTERIORES

CUARTO.- Comuníquese el presente Acuerdo al Director del Centro Federal de Readaptación Social Número Uno de "La Palma" en Almoloya de Juárez, Estado de México, a la Procuraduría General de la República y en su oportunidad al país requirente a través de su Embajada. - - - - - - - - - - - - -

QUINTO.- La entrega de OZIEL CÁRDENAS GUILLÉN, alias "OSIEL CÁRDENAS GUILLEN", alias "OZIEL CÁRDENAS GILLÉN", alias "OSIEL CÁRDENAS GILLÉN", alias "INGENIERO", alias "EL SEÑOR", alias "NOVENTA Y UNO", alias "FANTASMA", alias "EL LOCO", alias "EL PATRÓN", alias "EL CABEZÓN", alias "MADRINA", alias "MEMO", al gobierno de los Estados Unidos de América, queda diferida hasta que se resuelvan en definitiva las causas penales que tiene abiertas en su contra en territorio nacional, de conformidad con lo establecido en el artículo 15 del Tratado de Extradición celebrado entre los Estados Unidos Mexicanos y los Estados Unidos de América. -

SEXTO.- Una vez que quede firme el presente Acuerdo, gírese la orden de entrega del reclamado a la Procuraduría General de la República, al Director del Centro Federal de Readaptación Social Número Uno de "La Palma" en Almoloya de Juárez, Estado de México, y al Estado solicitante por conducto de su Embajada, previo aviso a la Secretaría de Gobernación en términos de lo dispuesto por el artículo 34 de la Ley de Extradición Internacional.-

ASÍ LO ACORDÓ Y FIRMA EL C. SECRETARIO DE RELACIONES EXTERIORES, EN TLATELOLCO, DISTRITO FEDERAL, A LOS SIETE DÍAS DEL MES DE MARZO DEL AÑO DOS MIL CINCO. -

DR. LUIS ERNESTO DERBEZ BAUTISTA

Oficio de la SRE firmado por Luis Ernesto Derbez en el que se comunica al director de La Palma y a la PGR el aplazamiento de la extradición de Osiel.

Dicho protocolo establece que para que proceda la extradición temporal debe haberse dictado al menos una sentencia firme en contra del extraditable:

> La parte requerida, después de conocer una solicitud de extradición formulada de conformidad con este tratado, podrá entregar temporalmente a una persona que haya recibido una sentencia condenatoria en la parte requerida, con el fin de que [esa persona] pueda ser procesada en la parte requirente, antes o durante el cumplimiento de la sentencia en la parte requerida.

Cuando es enviado a Estados Unidos, Osiel Cárdenas no había recibido sentencia condenatoria alguna. Aunque el 30 de marzo de 2005 el capo pierde un juicio de amparo —en una sentencia dictada por el Primer Tribunal Colegiado en materia penal con sede en Toluca—, las condiciones legales para su extradición no estaban dadas. Antes de su entrega al vecino país del norte, Osiel tenía abiertos los procesos 22/2004 (portación de arma de fuego prohibida), el 34/2004 (acopio de arma de fuego de uso exclusivo del Ejército mexicano) y el 51/2004, 8/2002, 16/2002 y 169/98 (por violación a la Ley Federal contra la Delincuencia Organizada). Todos los cargos estaban en la fase de instrucción, previa al desahogo de pruebas.

La mañana del 19 de enero de 2007 se ejecuta la decisión de extraditar a 10 narcotraficantes, y cuatro criminales más, a Estados Unidos. Con absoluta discreción, las fuerzas federales ingresan en el penal de La Palma para sacar a los presos y subirlos a un autobús que los lleva al Aeropuerto de

Toluca para tomar un avión y emprender un viaje sin retorno a Estados Unidos.

La víspera, los abogados de Osiel son alertados del movimiento en la cárcel. Piensan que su cliente va a ser cambiado de prisión y dan por hecho que lo encarcelarían en el penal de Occidente, en Puente Grande, Jalisco. Y corren a tramitar un amparo al Juzgado Noveno de Distrito en materia penal de Guadalajara. La demanda de juicio de garantías a favor de Osiel es recibida pero de nada sirve: el capo ya ha sido entregado a las autoridades estadounidenses.

En las imágenes que difunde el Centro de Producción de Programas Informativos de la Presidencia de la República se observa paso a paso cómo se efectúa el operativo de la entrega de los capos. Una camioneta blanca sale de la aduana del Centro Federal de Readaptación Social Número Uno, conocido como La Palma o Altiplano. El vehículo avanza por los estacionamientos del penal de máxima seguridad hasta donde se encuentra un helicóptero MI-17 de la Policía Federal, con elementos de esta dependencia y también de la AFI.

El primer capo que desciende del vehículo es Gilberto Higuera Guerrero, *El Gilillo*, del cártel de Tijuana. Atrás de él baja Osiel ataviado con su uniforme caqui. Camina con dificultad. Da pasos cortos porque está esposado de los pies y una gruesa argolla casi suelda sus manos. El hombre de mirada provocadora esta vez no levanta el rostro. Encorva el cuerpo como en un acto de sumisión, como si estuviera paralizado por el miedo. Se le ve nervioso y agitado porque jala el aire por la boca. Así es trasladado a la aeronave que despega y minutos después desciende en la terminal aérea de Toluca. Allí lo suben a empellones en un avión de la PFP que lo lleva a Houston, Texas.

A partir del 19 de enero de 2007 Osiel tiene nueva casa: una prisión de alta seguridad cuyo nombre se mantiene en secreto y que no puede ser revelado ni por las autoridades y menos por sus abogados defensores. Su voluminoso expediente está radicado en una corte federal del sur de Texas.

En el país vecino se le acusa de conspirar para poseer y distribuir grandes cantidades de mariguana, además de asaltar y amenazar de muerte a un agente del FBI, a uno de la DEA y a un *sheriff* local. Luego, en poco más de dos años y medio una losa de cargos —16 en total— sepulta a Osiel, quizás el más cruel de los capos mexicanos.

Donald DeGabrielle es el fiscal responsable del juicio contra Osiel. Las pruebas con las que cuenta incluyen tres mil 700 horas de conversaciones interceptadas, 50 charlas grabadas con conocimiento de una de las partes; 19 decomisos de droga que se atribuyen al otrora líder del cártel del Golfo y las declaraciones de más de 100 testigos que rindieron testimonio sobre hechos ocurridos en un lapso de nueve años.

El llamado capo del Golfo se declara inocente de todos los cargos que se le imputan. Sus defensores, Roberto J. Yzaguirre y Michael W. Ramsey han aplazado el juicio contra su cliente con recursos dilatorios: "El acusado necesita tiempo adicional para confirmar el estatus de los cargos pendientes en su contra en México", aducen. Chip Lewis, otro de los abogados de Osiel, sostiene que su cliente no puede ser juzgado dos veces por los mismos delitos que se desahogaban en México antes de su extradición.

El futuro de Osiel, sin duda, es ominoso. Su juicio debería comenzar el 8 de septiembre de 2009, pero podría ser aplazado de nueva cuenta. En tanto, el huidizo capo, que se convierte en proscrito por una decisión política, vive su encierro inmerso en un clima de incertidumbre. Él, que durante su libertad siempre se mantuvo impune, es ahora cautivo de su conciencia. El juicio interior, implacable por naturaleza, es la agonía más extrema que puede enfrentar un ser humano.

Todo lo que urdió para erigir su efímero y sanguinario imperio se revierte; aún le queda tiempo para reconciliarse consigo mismo y enfrentar su destino.

A sus 42 años, sin juicio ni sentencia, Osiel sólo vive para abrazar su infortunio y la magnitud de su tragedia.

Osiel Cárdenas,
el momento de la
extradición. © AP.

Viaje sin retorno. © AP.

Cacheo en La Palma. *Proceso* / Especial.

La captura. © AP.

Miguel Ángel
Félix Gallardo,
caída del jefe de jefes.
© *Proceso.*

Ernesto Fonseca, los años de gloria. © *El Universal.*

Juan García Ábrego, el destierro. © AP.

El Mayo Zambada, capo
del Pacífico.

El Señor de los Cielos,
detención en 1989.
© El Universal.

El clan de los Arellano Félix.

Benjamín Arellano Félix, truculenta
historia. PGR.

Eduardo Arellano Félix, pieza
clave.

Rafael Arellano Félix, el cerebro
financiero.

Ramón Arellano Félix,
el violento.

Juan José Esparragoza, *El Azul*,
estratega de la negociación.

Vicente Carrillo Fuentes,
heredero del cártel de Juárez.

Eduardo Costilla, *El Coss*, actual jefe
del cártel del Golfo.

Heriberto Lazcano, *El Lazca*,
jefe de *Los Zetas*.

Arturo Guzmán Decena, *El Z1*,
fundador de *Los Zetas*.

Osiel, años de esplendor. *Proceso* / Especial.

Evento pagado por Osiel desde la cárcel.

Anexos

A continuación se presenta la estructura del cártel del Golfo, según la averiguación previa PGR/UEIDC/125/2007, en dos partes. La primera incluye la organización de sus integrantes, y la segunda es una lista de paramilitares que se han identificado con *Los Zetas*. En ambos casos, en la columna llamada "Estado", el espacio en blanco significa que el personaje en cuestión está libre.

ORGANIZACIÓN DEL CÁRTEL DEL GOLFO

Nombre	Alias	Estado
Personas importantes que tenían comunicación con Osiel		
José Manuel Barrientos Rodríguez	Pepillo, El Flaco	Detenido en La Palma
Raúl Bazán	Chimbombo	Detenido en Estados Unidos
Rafael Betancourt Vélez	Rafa	Desertor
Ezequiel Cárdenas Guillén	Tony Tormenta	
Jorge Eduardo Costilla Sánchez	El Coss, Costilla, Sombra	Actual líder del cártel del Golfo
César Eduardo García	Pollo, Chicken, Tango 95	
Juan Carlos García Bazán	Juan Carlos	
Rogelio García García	Roger	Muerto
Juan Guerrero Chapa	Licenciado Guerrero	Detenido en La Palma-Libre
Arturo Guzmán Decena	Z1	Muerto
Ramiro Hernández García	El Matty	Detenido en Puente Grande
Miguel Ángel Hughes	Bebo	Muerto
Alfonso Lam Liu	Gordo Lam, Tango 41	
Adán Medrano Rodríguez	Licenciado Medrano, Licenciado Adán	Detenido
Gregorio Sauceda Gamboa	Goyo, Metro Dos	Detenido
Rubén Sauceda Rivera	Cacahuate, Tango 50	Detenido en La Palma
Don Sergio	Tango 90	
Javier Solís Garduza	El Loro Huasteco	Detenido
Víctor Manuel Vázquez Mireles	Pariente, Meme El Cabezón, Niebla	Detenido en Matamoros
	Don Alejandro (el brujo de la organización)	

Personal de confianza

Humberto Hernández Medrano	Don Beto	Detenido en La Palma
Rigoberto Salinas Cornejo	Rafita, Chilaquil	Detenido en La Palma
Francisco Alberto Vázquez Guzmán	Paquito	Testigo protegido

Pilotos de las avionetas de la organización

Alejandro Morales Betancourt	Beta	Testigo protegido
Roberto Rangel Gutiérrez	Roberto	Detenido en La Palma
Miguel Regalado Ortiz	Regalado	Muerto

Narcoabogados

Juan Guerrero Chapa	Licenciado Guerrero	Detenido en La Palma - Libre
Antonio López Nakazono	Licenciado Nakazono	Muerto
Miguel Ángel Martínez Sánchez	Licenciado Martínez	Muerto
Galo Gaspar Pérez Canales	Licenciado Galo	
	Licenciado Gamboa	

Colombianos que se relacionaron con Osiel

Elkin Fernando Cano Villa		Detenido en La Palma - Libre
Gustavo Adolfo Londoño Zapata		Detenido en La Palma
Fernando Martínez	Fernando	
Rubén Darío Nieto Benjumea	Güiri	Detenido en La Palma
Esteban Ochoa White	Vicente	
Rubén Darío Villa García	Colombiano	Detenido en La Palma
	Camilo	

243

ORGANIZACIÓN DEL CÁRTEL DEL GOLFO

Nombre	Alias	Estado
Policías federales preventivos que apoyaron y protegieron a la organización		
Carlos Escamilla Medina	Escamilla	Detenido en La Palma
Roberto Gabriel Luna Lerma	Luna	Detenido en el Reclusorio Sur
Francisco Suárez Vázquez	Lobo, Panchito	
	Capitán Gaytán	
	Leo	
Personas de otras organizaciones o cárteles que tenían comunicación con Osiel		
Humberto García Ábrego	Don Humberto	Monterrey, Nuevo León
Gilberto García Mena	El June	Detenido
Zeferino Peña Cuéllar	Don Zefe	Desterrado por Osiel
Albino Quintero Meraz	Güero	Detenido
	El Flaco	Veracruz / Chetumal
	Lalo	Reynosa / Chetumal
		Guadalajara, Jalisco
Personas de confianza que cuidaban casas de seguridad de Osiel		
Rigoberto Bocardo Yudiell	Bocardo, Bocanini	Desertor
Joel Espinoza Andrade	Joel	
José Ángel Salinas Aguilar	Pepe	
Luis Francisco Salinas Aguilar	Luis	Detenido en La Palma - Libre
José Salinas Palacios	Pepe	
	El Flaco Arellano	
	Timba	

Personas de confianza para construir, remodelar y amueblar casas de seguridad de Osiel

Rafael Gómez Garza   Cuate

                               Arqui

Personas de confianza de Eduardo Costilla

José Manuel Barrientos Rodríguez	Pepillo, El Flaco	Detenido en La Palma
Juan Carlos de la Cruz Reyna	JC, La Chona	Detenido
Álvaro Garduño Hernández	Güerco	Detenido en Puente Grande
Baldomero González Ruiz	El Viejo Fox	
Arturo Guzmán Decena	Z1	Muerto
Gabriel Montes Zermeño	Gabriel	
Abel Ramírez	Chino	Muerto
Roberto Rincón	Rincón	
Pacheco Rivera	Pacheco	

Personas coordinadas por Eduardo Costilla

Ezequiel Cárdenas Guillén	Tony Tormenta	
Emilio Montes Zermeño	Emilio	
Roberto Rangel Gutiérrez	Roberto	Detenido
Gregorio Sauceda Gamboa	Goyo, Metro Dos	
Rubén Sauceda Rivera	Cacahuate, Tango 50	
Javier Solís Garduza	Javier, El Loro Huasteco	Desaparecido
Víctor Manuel Vázquez Mireles	Pariente, Meme El Cabezón,	Detenido en Matamoros
	Niebla	
	Arteaga	
	Chato	
	Don Sergio, Tango 90	

245

ORGANIZACIÓN DEL CÁRTEL DEL GOLFO

Nombre	Alias	Estado
Personas de confianza de Víctor Manuel Vázquez Mireles		
Lorenzo López González	Lencho	Muerto
Jaime Morales Navarro	Jaimillo	
Héctor Manuel Sauceda Gamboa	Karis	
Héctor Vázquez Luna	Pariente, Primo, Teco	Detenido en La Palma
	Canicón	
	Chucky	
	Devid el Marino	
	El Güero Duarte	
Personas coordinadas por Víctor Manuel Vázquez Mireles		
Rogelio González Pizaña	El Kelín, El 20	Detenidio en La Palma
Adán Medrano Rodríguez	Licenciado Medrano,	Detenido
	Licenciado Adán	
Personas de confianza de Gregorio Sauceda Gamboa		
Sergio Castillo Ortiz	Sergio Martínez, Checo	
Vicente Castillo Sáenz	Mano	
Quebec Quiroz	El Guapo	
Eugenio Guadalupe Rivera Hernández	Gordo Mata	
Omar Sauceda	Chupado	
Gregorio Sauceda Gamboa	Goyo, Metro Dos, El Caramuela	Detenido
Tomás Sauceda Gamboa	Tomás	

Personas de confianza de Ezequiel Cárdenas Guillén

Sergio Amadeo Benavides Araiza	El Güero Benavides	Detenido en La Palma
Manuel	Meño	
César Cuauhtémoc Sánchez Villa	Pingo	Detenido en La Palma
Luis Enrique Zayas Guerra	El Güero Gama	Detenido en La Palma
	El Golon	

Grameros que le compran cocaína a Ezequiel Cárdenas en Matamoros

Pablo Cano	Pablito	
Sigifredo García Paz	Sigi	
Jesús Izaguirre	Chuy	
Galo Gaspar Pérez Canales	Licenciado Galo	Detenido
Adán Sauceda Gamboa	Chuma	
	Flaco Gómez	
	Fofas	
	Omar el Flaco	
	Pipe	

Personas de confianza de Javier Solís Garduza

José Hernández Hernández	El Brujo
Hernán Martínez Zavaleta	Hernán
Felipe Solís Garduza	Felipe
Hernán Solís Garduza	Hernán

Personas de confianza de Chimbombo en Brownsville, Texas

Claudia Beatrice Cruz Madrigal	Esposa del Tiki Tiki	Detenida

247

ORGANIZACIÓN DEL CÁRTEL DEL GOLFO

Nombre	Alias	Estado
Juan Daniel Delgado Enríquez	Tiki Tiki	Detenido
Arcadio Pérez González	Cayo	
	Chacho	
Personas de confianza de Rafael Cárdenas Vela (Zeta)		
Joel Espinoza Andrade	Joel	
Francisco Javier García Paz	Cuate	Detenido
Simón Mendoza Ávila	Simón	Detenido
Julio César Moreno Mata	Cuñado	Detenido
	Toto	
Personas de confianza en la célula de contabilidad		
Juan Gilberto Melendez Gómez	Gilberto, Concuño	Detenido
Jorge Esteban Pacheco Rivera	Jorge, Doble Cero	Detenido
Rubén Darío Salazar Gómez	Polillo, Polo, Pelón	Detenido
Rafael Salinas Cornejo	Rafita, Chilaquil	Detenido
Aristeo Zuviri	Zuviri	Detenido
	Choco	
	El Perrote	Hermano de El Cacahuate
	Tarolas	

PLAZAS DEL CÁRTEL DEL GOLFO

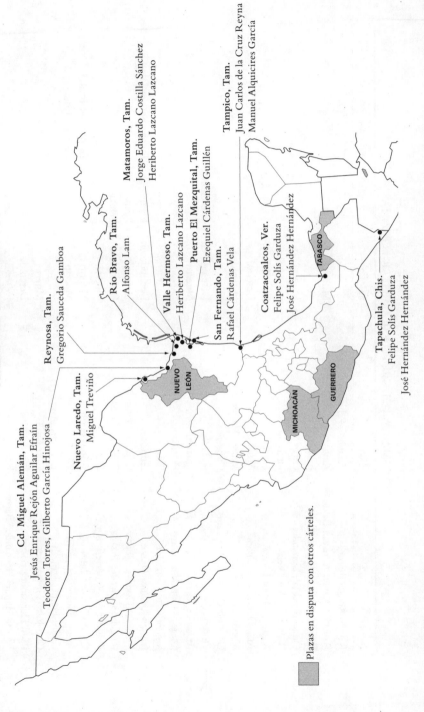

Cd. Miguel Alemán, Tam.
Jesús Enrique Rejón Aguilar Efraín
Teodoro Torres, Gilberto García Hinojosa

Reynosa, Tam.
Gregorio Sauceda Gamboa

Río Bravo, Tam.
Alfonso Lam

Matamoros, Tam.
Jorge Eduardo Costilla Sánchez
Heriberto Lazcano Lazcano

Valle Hermoso, Tam.
Heriberto Lazcano Lazcano

Puerto El Mezquital, Tam.
Ezequiel Cárdenas Guillén

San Fernando, Tam.
Rafael Cárdenas Vela

Tampico, Tam.
Juan Carlos de la Cruz Reyna
Manuel Alquicires García

Coatzacoalcos, Ver.
Felipe Solís Garduza
José Hernández Hernández

Tapachula, Chis.
Felipe Solís Garduza
José Hernández Hernández

Nuevo Laredo, Tam.
Miguel Treviño

NUEVO LEÓN

TABASCO

MICHOACÁN

GUERRERO

Plazas en disputa con otros cárteles.

MIEMBROS DEL GRUPO PARAMILITAR LOS ZETAS

Nombre	Alias	Estado	Actividad conocida
Rubén Acosta Ibarra	Peluchín, Peluches		
Rolando Xavier Almazán Balderas	Xavi	Muerto	
Braulio Arellano Domínguez	Braulio, Gonzo		
Omar Bautista Hernández	Omar	Muerto	
Rafael Cárdenas Vela	Júnior		
Ramón Dávila López	Cholo	Detenido	
Alan Delgado Enríquez	Alan	Desertor	
Mateo Díaz López	Mateo, Mariguas	Detenido	
Gonzalo Geresano Escribano	Cuije		
Onorio Gómez Cruz	Rebollo	Detenido en Puente Grande	
Ángel de Jesús Gómez Morales	Iguano	Muerto	
Gustavo González Castro	Erótico		
José Alberto González Chalate	Paisa		
Jaime González Durán	Hummer	Detenido en La Palma	Escolta personal de Osiel
Roberto González Juárez	Caprice, Genio	Detenido en La Palma	
Rogelio González Pizaña	El Kelín, El 20	Detenido en La Palma	
Luis Alberto Guerrero Reyes	Guerrero	Muerto	
Óscar Guerrero Silva	Winni Pooh	Muerto	Escolta personal de Osiel
Arturo Guzmán Decena	Z1	Muerto	Zeta fundador
Carlos Hau Castañeda	El Comandante Hau		
Ciro Justo Hernández	Ciro, Caín	Muerto	
Raúl Hernández Barrón	Flander Uno	Detenido	
Víctor Manuel Hernández Barrón	Flander Dos	Detenido en La Palma	

250

Lucio Hernández Lechuga	Lucio, Lucky	Testigo protegido
Agustín Hernández Martínez	Piña	Detenido en La Palma
Isidro Lara Flores	Tierno	
Heriberto Lazcano Lazcano	Lazcano, Pitirijas, El Verdugo, Z3	Escolta personal de Osiel, actual líder de Los Zetas
Alfonso Lechuga Licona Cañas	Cañas, Cañitas	Detenido en Occidente
Jorge López	Chuta	
Eduardo Salvador López Lara	Chavita	Detenido en La Palma
Solano López Ramos	Paguas Uno	Muerto
Víctor Hugo López Ramos	Paguitas	Detenido
Omar Lormendez Pitalua	Pitalua	
Baudelio Madrigal Mateos	Bedur	
Mario Alberto	Invasor	
Daniel Enrique Márquez Erivez	Chocotorro	Detenido
Galdino Mellado Cruz	Mellado, Mella	Escolta personal de Osiel
Flavio Méndez Santiago	Flavio, Armadillo	
Marcelino del Moral Ramírez	MG1	
Alejandro Morales Betancourt	Beta	Testigo protegido
Alfonso Peña Herrera	Piedrero	Detenido
Daniel Pérez Rojas	Cachetes	
Hugo Ponce Salazar	Hugo	Detenido en Matamoros
Jesús Enrique Rejón Aguilar	Mamito	Escolta personal de Osiel
Luis Reyes Enríquez	Reyes	Detenido
Héctor Robles Duarte	Caballo	Detenido
Sergio Enrique Ruiz Tlapanco	Tlapa	
Omar Serrano Sánchez	Chango, Changuito	Muerto

MIEMBROS DEL GRUPO PARAMILITAR LOS ZETAS

Nombre	Alias	Estado	Actividad conocida
Efraín Teodoro Torres	Efraín, Chispa	Muerto	
Germán Torres Jiménez	Tatanka		
Raúl Alberto Trejo Benavides	Alvin, Raúl	Muerto	Escolta personal de Osiel
Nabor Vargas García	Nabor, Debora	Detenido	
Alberto Vargas Guadarrama	Beto		Tesorero
Carlos Vera Calva	Vera		
Ernesto Zatarain Beliz	Saltaray	Muerto	
	Chagala		
	Chaparro, Yucateco		
	Cuachy, Cuasimodo		
	El Lobo Usiel		
	El Volador de Papantla, Roedor		
	Lázaro		
	Marino 1, El Cuervo		
	Marino 2		
	Milpa	Detenido en Puente Grande	
	Traka		

Osiel. Vida y tragedia de un capo, de Ricardo Ravelo
se terminó de imprimir en septiembre de 2009 en
Litográfica Ingramex, S.A. de C.V.
Centeno 162-1, Col. Granjas Esmeralda,
México, D.F.